Gran Canaria

Michael Möbius & Mark Schmidt

DUMONT direkt

Inhalt

¡Bienvenidos!

Zu Gast auf Gran Canaria

Sonne, Meer und Strand: Urlaubsparadies Playa del Inglés

12 Highlights

Extra-Touren

Stadtpläne

21 Reisetipps Gran Canaria

Gran Canaria im Internet

Surftipps

Mit Gran Canaria beschäftigen sich unzählige Seiten, allein auf Google finden sich über 100 000 relevante Seiten. Viele davon sind heimgebastelte Erlebnisberichte, die oftmals nur wenig Objektives zu berichten haben, einige jedoch sind für Spezialsuchen (Wanderungen, Touren…) wirklich brauchbar.

Portale zur Insel gibt es ebenfalls reichlich, wobei viele voneinander abzuschreiben scheinen, da manch bekannter Fehler sich quer durchs Web zieht. Die offiziellen Seiten besitzen oft nur spanische Versionen, manche bieten einen Service auf Englisch.

Sucheingaben immer nur ohne Betonungsakzente und Sonderzeichen

Landeskennung: .es

Webseiten Information

www.grancanaria.com Offizielle Touristik-Website der Insel, mit deutscher Sprachversion und einer Vielfalt an Infos zu allen Themenbereichen. Auch kommende Kulturveranstaltungen werden vorgestellt, ein Ausblick auf das Wetter sowie Webcams, Videos und Fotogalerien runden die Seite ab.

www.turismodecanarias.com Inforeiche Website mit zahllosen Links zu Kulturveranstaltungen, Aktivitäten, Gastronomie u. a. Dazu Insel- und Stadtpläne, Videos, Webcam-Ansichten und viele Bilder.

www.infocanarias.com Online-Ausgabe des Print-Magazins mit Infos zu allem, was interessiert (oder nicht). Gutes Forum auch zu Unterkünften.

www.wochenblatt.es Die Online-Wochenzeitung der Kanarischen Inseln informiert über Politik und Wirtschaft, Umwelt und Kultur auch auf Gran Canaria.

www.grancanariainfo.de Inselportal, täglich von bis zu 4000 Usern genutzt. Auch die rund 25 wichtigsten Orte werden vorgestellt und die dazugehörigen Straßenkarten machen eine Orientierung zum Kinderspiel.

www.spain-grancanaria.com Viersprachiges Reiseportal zu Gran Canaria mit hohem Nutzwert und verspieltem Design, gehört zu den Online-Reiseführern von Strawberry World. Nicht immer topaktuell, aber durchaus empfehlenswert!

www.grancanariaonline.com Übersichtliches Portal speziell für Gran Canaria mit Hotelbewertungen und Urlaubsbildern zu vielen Regionen der Insel.

Buchen & Reisen

www.vivador.de Reiseclub mit zahlreichen Vorteilen und 5 % Rückvergütung auf alle Reisen nach Gran Canaria, unabhängig vom Veranstalter.

www.guv.de Portal mit Anbindung an riesige Datenbank zu Last-Minute, Pauschalreisen, Flugangeboten, Mietwagen, tausende Angebote zu günstigen Konditionen. Guter Service: umfassende Infos zu Urlauberhotels (Lage, Fotos …).

www.ecoturismocanarias.com Brauchbares Portal, viele Infos, auch zu buchbaren Landhäusern, viersprachig.

Wetter

http://www.wetter.com Wenn Sie unter Schnellsuche ›Gran Canaria‹ eingeben, können Sie sich über das Wetter in rund 20 Lokalitäten informieren und auch Vorhersagen für die kommenden drei Tage, die nächste Woche oder auch die kommenden 2 Wochen abrufen.

¡Bienv

Sonne, Strand und Spaß – von diesem Dreiklang träumen alle, die Gran Canaria, Namengeberin und drittgrößte Insel des kanarischen Archipels, zu ihrem Urlaubsziel erkoren haben. Millionen kältegeschädigte Mitteleuropäer suchen Jahr für Jahr die sonnenverwöhnte Insel auf, um dem heimischen Winter zu entfliehen.

enidos!

Nach rund vier Flugstunden ist Gran Canaria erreicht, und es müsste schon ein besonders schwarzer Tag sein, sollte die Sonne mal nicht scheinen. Nicht umsonst war Gran Canaria, nahe dem afrikanischen Kontinent und auf der Höhe von Südmarokko gelegen, schon im Altertum als ›Insel des ewigen Frühlings‹ bekannt.

Willkommen

Insel der Kontraste: Zwischen den Stränden des Südens und …

›Insel der Seligen‹

Ein mildes Klima das ganze Jahr über und zahllose Strände begründen den Ruf dieses Ferienziels, ein wahrhaft paradiesisches Eiland zu sein. Auf der ›Insel der Seligen‹, wie Gran Canaria in der Antike hieß, gibt es schneeweiße, goldgelbe, hellbraune und graue, halbmondförmig geschwungene, in mondäne Promenaden wie auch dramatische Klippen gefasste Sandstrände, nur wenige Meter oder über drei Kilometer lang. An den Dunas de Maspalomas – mit 25 km² Ausdehnung eine der größten zusammenhängenden Feinsandflächen Europas – kann man die vollkommene Einsamkeit am kristallklaren Ozean genießen, während an der nahen Playa del Inglés all diejenigen auf ihre Kosten kommen, denen eine perfekte Infrastruktur das höchste der Strandgefühle ist.

Ferienzentrum Costa Canaria

Die Ferienzentren liegen an der Südküste, dem sonnigsten Teil der fast kreisrunden Insel mit nur 50 km Durchmesser. So verschieden wie die Strände sind auch die Urlaubsorte. Dem einen beschert das lebendige Treiben an der Costa Canaria ein Maximum an Urlaubslust. Das Zentrum dieser Ferienhochburg Pauschalreisender bilden das quirlige Playa del Inglés, Maspalomas mit einem exklusiven Hotelangebot und das etwas ruhigere San Agustín. Andere finden beispielsweise im beschaulichen Puerto de Mogán all das, was einen gelungenen Individualurlaub ausmacht. Das ›Saint Tropez der Kanaren‹ ist ein wunderschöner Ort mit einer überschaubaren Zahl an Gästebetten und einem hübschen Yachthafen. Beim Bau der Hotels verzichtete man bewusst auf die Hochhaus-Architektur der Costa Canaria. Der Fischerort Arguineguín lockt mit Hotelanlagen von vollendetem Luxus. In Puerto Rico, einem ›Traum in Weiß‹, wird Wassersport groß geschrieben. Vor allem die neu erschaffene und über die Promenade erreichbare Playa de los Amadores beschert dem Ort rasante Zuwachszahlen.

Sport und Spaß

Sport und Spaß stehen an der Südküste im Vordergrund, das Angebot an Freizeitaktivitäten ist gewaltig: Ob Fallschirmspringen, Paragliding oder Wasserski, Tauchen, Surfen oder Segeln, Mountainbiking, Tennis oder Golf – jede erdenkliche Sportart wird angeboten. Anfängerkurse in vielen Segmenten ermöglichen den bequemen Urlaubs-Einstieg in diese Disziplinen. Organisierte Touren verbinden Sport und Geselligkeit: Geführte Wander- oder Mountainbike-Touren in verschie-

... dem gebirgigen Zentrum der Insel liegen Welten

denen Schwierigkeitsstufen zeigen die schönsten Seiten der Bergwelt, Quad- oder Jeep-Safaris durch staubige Barrancos und über luftige Höhenkämme vermitteln Fahrspaß und Naturerlebnis zugleich, Tauchgänge zu Wracks und vorgelagerten Riffs bieten Abenteuer pur.

Spaß und Nachtleben sind auf Gran Canaria untrennbar verbunden. Vor allem Playa del Inglés besitzt den Ruf, die Bürgersteige niemals hochzuklappen. Für jeden Anspruch ist dabei gesorgt, in den Shopping-Center trifft sich Jung und Alt unter freiem Himmel, Bars und Kneipen überbieten sich mit Angeboten, Discos locken die Tanzwütigen an, und wer nach alledem wieder etwas Ruhe braucht, der bummelt zum Strand oder schlendert noch etwas über die hübsch beleuchtete Promenade.

Urbanes Zentrum Las Palmas

In Las Palmas leben etwa 50 % der Canarios – und doch ist die Hauptstadt keineswegs typisch kanarisch. Die rund 400 000 Einwohner zählende Metropole, einst von Alexander von Humboldt auf den Namen ›Karawanserei der Weltmeere‹ getauft, ist die Hafenstadt mit dem größten Warenumschlag Spaniens. In diesem wirtschaftlichen, geistigen, kulturellen und politischen Zentrum der Insel gibt es mehr Kneipen, Bars, Discos, Restaurants und Nachtklubs als in irgendeiner anderen spanischen Stadt. Neben schicken Shopping-Vierteln finden sich malerische *barrios* mit verwinkelten Gässchen, romantischen Innenhöfen und lebhaften Plazas. Die Stadt wartet mit vielen Sehenswürdigkeiten auf, beispielsweise der Kathedrale Santa Ana oder der bedeutenden volkskundlichen Sammlung des Museo Canario. Der große, geschwungene Stadtstrand mit Hochhaussaum, die Playa de las Canteras, gilt als die ›Copacabana Europas‹.

Einsame Welt der Vulkane

Doch bereits nach wenigen Kilometern ist alles ganz anders: Kaum liegen Las Palmas oder die Ferienzentren zurück, findet man sich in einer Bergwelt aus radial verlaufenden Schluchten wieder, die steil zum 1949 m hoch aufragenden Gipfel der Insel ansteigen. Der Pico de las Nieves liegt inmitten einer bizarren Vulkanlandschaft. In der Tat verdankt das Eiland seine Genese einem Magmaherd in rund 100 km Tiefe, der seit über 16 Mio. Jahren glutflüssige Lava zu Tage förderte und auf diese Weise den Schichtvulkan schuf, den wir heute Gran Canaria nennen. Immer wieder brach der Vulkan aus, spuckte basaltische Lava über das von Glutwolken eingehüllte Land, das erst vor etwa 5000

Jahren zum Zeitpunkt der ersten Einwanderungswellen aus Nordafrika zur Ruhe kam.

Eine uralte Kultur

Welcher Ethnie die Urkanarier angehörten, ist bis heute nicht gänzlich geklärt. Als gesichert gilt lediglich, dass spätestens seit 500 v. Chr. Menschen die Insel bewohnten. Es vergingen nahezu 2000 Jahre, während derer die Altkanarier, abgeschieden vom Rest der Welt, ihre steinzeitliche Kultur voll entfalten konnten. Erst im 15. Jh. ›entdeckten‹ die Spanier den Archipel und unterwarfen ihn als ihre erste Kolonie. Es kam sehr bald zu einer Vermischung zwischen Eroberern und Eroberten, mit der auch die Kultur der Ureinwohner fortlebte. So setzten die Spanier deren Tradition fort, in Höhlen zu wohnen. Überall im Bergland, wo winzige Dörfer wie Adlerhorste über tiefen Schluchten hängen, kann man noch heute solche Höhlenwohnungen finden.

Höhlenlabyrinthe und andalusisches Flair

Uralte Überbleibsel aus vorspanischer Zeit gibt es zuhauf zu sehen, u. a. das Labyrinth eines riesigen ›Höhlenklosters‹. Die kanarische Küche, das traditionelle Kunsthandwerk und die kanarische Folklore haben ihre Wurzeln in der altkanarischen Kultur.

Die Bauten, die die Spanier hinterließen, sind von der arabisch inspirierten Architektur Andalusiens beeinflusst. Einige herrliche Orte wie Teror haben dieses maurische Flair bewahrt. Die Fiesta-Freudigkeit der Spanier – auf Gran Canaria überaus lebendig – manifestiert sich in den ausgelassenen traditionellen Volksfesten, die zum unvergesslichen Erlebnis eines Urlaubs werden können.

Eine vielfältige Vegetation

Gran Canaria, der ›Kontinent im Kleinformat‹, hat viele Facetten. Die Vegetation der Sonneninsel präsentiert sich in einer unglaublichen Vielfalt. Hier gibt es subtropische Pflanzen, Drachenbäume, Lorbeerwälder, Palmen, Riesenkiefern und etwa 1800 wild- und teils nur hier wachsende Gefäßpflanzen, die vor allem im Winter und Frühling blühende Blumenfelder bilden.

Die ausgeglichenen Temperaturen des mediterran-subtropischen Klimas verdankt die Insel in erster Linie den Passatwinden, die durch das Luftdruckgefälle vom subtropischen Hochdruckgürtel zum Äquator entstehen. Der Nordostpassat beschert dem Inselnorden kühle und feuchte Winde, während im niederschlagsarmen Süden trockene und warme Fallwinde vorherrschen. Die Trockenvegetation der Südküste geht in eine Kiefernwaldzone über, an den schmalen Küstenstreifen im Norden schließt sich eine grüne Bergzone an. Raubbau und Zersiedelung ließen den einstigen Baumreichtum der Insel jedoch – wie vielerorts im Mittelmeerraum auch – gnadenlos schrumpfen. In den fruchtbaren Tälern und an der Küste werden Tomaten, Bananen und exotische Früchte angebaut. Rund um die Rumfabriken von Arucas und Telde gibt es Zuckerrohrplantagen, die noch bis ins 17. Jh. große Flächen der Insel bedeckten. Auf den Weinbergen oberhalb von Santa Brígida gedeiht der lokale *vino del monte*.

Urlaub für jeden Geschmack

Der Kontinent im Miniaturformat trägt diese Bezeichnung also zu Recht. Denn ein jeder findet hier sein Fleckchen Urlaubs-Paradies, wie immer es auch aussehen mag: die Familie im Halbpension-Apartment in Maspalomas, die Jugend zentral in Playa del Inglés bei Strand und Disco, der Kulturfreund zu den Festspielen in Las Palmas, der Wanderer vielleicht im Frühjahr um San Bartolomé, der Ästhetiker im Hafen von Puerto de Mogán, die Wellenreiterin in Sardina del Norte und schließlich der naturnahe Motorradfahrer auf der einsamen Serpentinenstraße vor Artenara.

Dabei kann es auf Gran Canaria äußerst spannend sein, über den Horizont seines üblichen Urlaubsverhaltens hinauszuschauen. Die Vielfalt des Angebots lässt einfach keine Wünsche offen – ob kurzweiliges Abenteuer auf der Kartbahn, Erstkontakt mit der Unterwasserwelt beim Schnuppertauchkurs oder ein Ausflug der Gaumenfreuden an die Tapas-Theke im schnuckeligen Bergrestaurant.

Nahezu jeder Besucher pflegt eine eigene Beziehung zu Gran Canaria, hat die Insel nach seinen Bedürfnissen für sich entdeckt. Sind die Gründe für einen Besuch der Insel auch noch so unterschiedlich – allen gemeinsam ist sicherlich einfach die Freude am ›besten Klima der Welt‹. Und das besitzt Gran Canaria – das haben jedenfalls jüngst Untersuchungen der NASA ergeben.

Gran Canaria in Zahlen

Lage: zwischen dem 15. und 16. Grad westlicher Länge und auf dem 28. Grad nördlicher Breite

Größe: 1560 km² Fläche bei einem Durchmesser von rund 50 km und einem Küstenumfang von rund 236 km, davon Steilküste ca. 135 km, Sandstrände 32 km. Aufteilung: ca. 12 % Wald-, 12 % Anbaufläche, 33 % Weideland, 43 % Gebirgs- und Ödland

Höchste Erhebung: Pico de las Nieves (›Schneespitze‹) mit 1949 m

Naturschutzgebiete: 43 %, dazu zählen die Dunas de Maspalomas, das Zentralmassiv sowie der dünnbesiedelte, wilde Westen

Hauptstadt: Las Palmas mit 400 000 Einwohnern, seit 1927 Hauptstadt der kanarischen Ostprovinz (Gran Canaria, Lanzarote, Fuerteventura)

Einwohner: ca. 820 000; Kanarische Inseln (La Palma, El Hierro, La Gomera, Teneriffa, Gran Canaria, Fuerteventura, Lanzarote) insgesamt 2,1 Mio.

Religion: römisch-katholisch

Wirtschaft: Hauptsektor ist der Tourismus (ca. 80 % des Bruttosozialprodukts), der rund 80 % der Canarios beschäftigt. 10 % der Bevölkerung sind in Industrie und Handwerk beschäftigt, 10 % in der Landwirtschaft. Die Arbeitslosenquote liegt 2009 bei etwa 20 %, nachdem sie 2008 um sage und schreibe 98 % angestiegen war. An der Spitze der Exportprodukte stehen Bananen, an zweiter Stelle Tomaten.

Geschichte

Höhlenwohnungen haben auf Gran Canaria eine lange Tradition

3000/ 500 v. Chr. Über den Zeitpunkt der frühesten Besiedlung der Kanaren herrscht Uneinigkeit. Einige Wissenschaftler gehen von ersten Einwanderungswellen um 3000 v. Chr. von Nordafrika aus (Cromagnon-Menschen), andere von einer Besiedlung durch Berberstämme nicht vor 500 v. Chr.

1. Jh. Der römische Historiker Plinius berichtet von der Expedition des mauretanischen Königs Juba II. zu den Kanaren und erwähnt erstmalig die Insula Canaria.

2. Jh. Der Geograf und Astronom Claudius Ptolemäus legt das erste Gradnetz der bewohnten Welt an und zeichnet die Insula Canaria ein. Die Karte bleibt der Nachwelt erhalten; ihr ist es zu verdanken, dass die Insel den Namen Gran Canaria trägt.

14. Jh. Die Ureinwohner der Insel, die Altkanarier oder Guanchen, leben bis ins 14./15. Jh. in vollkommener Abgeschiedenheit auf der Kulturstufe der Steinzeit. Der genuesische Kaufmann Lancelot Maloisel landet vermutlich 1312 auf Lanzarote, 1341 geht eine Expedition der Mallorquiner bei Telde an Land.

1402 Jean de Béthencourt erobert Lanzarote. Auf Gran Canaria, Teneriffa und La Palma können sich die Altkanarier verteidigen.

1478 Am 24. Juni landen spanische Truppen unter Juan Rejón im Gebiet der heutigen Vegueta von Las Palmas. Sie gründen Las Palmas und versuchen, die Altkanarier zu unterwerfen, die von den Herrschern von Gáldar und Telde, Tenisor Semidán und Doramas, angeführt werden und erbitterten Widerstand leisten. 1483 wird die Insel endgültig erobert.

1485 Las Palmas wird Bischofssitz.

16. Jh. 1504 wird die Inquisition zur festen Einrichtung in der Hauptstadt. Die Insel gelangt durch Anbau von Zuckerrohr und Sklavenhandel zu Wohlstand. Ab 1550 führt die Konkurrenz Westindiens zu einer Stagnation des Zuckerrohrexports, der Weinbau erlebt einen Aufschwung. Von der Jahrhundertmitte an ist die Insel häufig Ziel von Piratenüberfällen.

17. Jh. Spanien schickt 1629 einen Generalkapitän nach Las Palmas, der seinen Sitz jedoch bald nach Teneriffa verlegt. Gran Canaria verliert gegenüber der Nachbarinsel an Bedeutung.

18. Jh. Wirtschaftskrisen und Missernten führen zu ersten Auswanderungswellen nach Mittel- und Südamerika, vorzugsweise Kuba und Venezuela.

19. Jh. Ein wirtschaftlicher Aufschwung setzt ein, zunächst durch die Zucht der Cochenille-Laus, aus der ein roter Farbstoff gewonnen wird. Ab 1870 wird der Bananenanbau ein bedeutender Wirtschaftsfaktor.

1912 Wegen der räumlichen Abgeschiedenheit führt man die *Cabildos Insulares* ein, der Anfang lokaler Selbstverwaltung der Inseln.

1927 Die Kanaren werden in zwei Provinzen aufgeteilt, von Las Palmas aus werden auch Fuerteventura und Lanzarote verwaltet.

1936 General Franco, Militärgouverneur der Kanarischen Inseln, initiiert von Gran Canaria aus einen Putsch gegen die republikanische Regierung und löst den Spanischen Bürgerkrieg aus.

1956 Das erste Charterflugzeug landet auf Gran Canaria. Der Grundstein für den Tourismus ist gelegt.

1975 Nach Francos Tod wird König Juan Carlos Staatsoberhaupt des nun demokratisch regierten Spanien.

1982 Die neue spanische Verfassung fasst die beiden Provinzen wieder zusammen, zur Autonomen Region Canarias.

1986 Spanien tritt der EG bei.

1993 Die Kanarischen Inseln werden in die EU integriert.

1999 Die Dutyfree-Zonen werden auf den Kanaren nicht aufgehoben. Zollfrei einzukaufen bleibt möglich.

2007 Der große Inselbrand im Sommer verwüstet besonders die Waldbestände im Südwesten und frisst sich bis nahe an die Costa Canaria heran.

2009 Die Wirtschaftskrise hat Gran Canaria voll erreicht und der Insel einen Anstieg der Arbeitslosigkeit um nahezu 100 % beschert – das ist Rekord in Spanien!

Playa del Inglés

Gut zu wissen

Beschwerden

Grund für Unzufriedenheit gibt es immer wieder auf Reisen – doch welche Reaktion ist angebracht?

Im Hotel: Ansprechpartner ist zunächst das Hotelpersonal, dann die Reiseleitung, bei nicht behebbaren Mängeln der Reiseveranstalter in der Heimat. Alle Mängel dokumentieren und ggf. vor Ort bestätigen lassen. Bei privat gebuchten Unterkünften hilft die Nachfrage nach dem Beschwerdebuch *(libro de reclamaciones)*, das in jedem Haus ausliegen muss. Ein Blatt des dreiteiligen Formulars behält der Tourist.

Die Behörden gehen den Meldungen äußerst gewissenhaft nach. Oft genügt der Hinweis auf das Formular für eine schnelle, gütliche Einigung.

Unterwegs: Auch in Restaurants und anderen touristischen Einrichtungen liegen die o. a. Formulare aus und sollten genutzt werden, wenn eine Einigung auf anderem Wege nicht möglich ist. Zudem helfen die Touristenbüros in den jeweiligen Städten gerne weiter.

Deutsch

Wer sich in den Touristenzentren bewegt, kommt mit seiner Muttersprache gut durch den Tag: Infomaterial und Speisekarten sind oft auch in Deutsch verfasst, wenn auch mit teils lustigen Adaptionen. Bereits wenige Kilometer außerhalb verstehen die Insulaner nicht mehr viel Fremdsprachliches, die Frage nach dem Weg oder der Busverbindung gerät zum Abenteuer. Da Englisch meist noch weniger als Deutsch verstanden wird, bleibt oft nur die Zeichen- und Gebärdensprache und/oder der Griff zur Kommunikationshilfe (s. S. 32).

Gebräuche

Sitten und Gebräuche haben, wie überall auf der Welt, auch auf Gran Canaria traditionelle Wurzeln und bedeuten den Menschen viel. Dieser Umstand wird von Touristen schnell einmal vergessen, und entsprechend benehmen sich hier viele ausländische Besucher mitunter wie die ›Axt im Walde‹, gehen beispielsweise im Badedress auf Besichtigungstour oder zum Essen und nehmen keine Rücksicht auf das Verbot, an öffentlichen Stränden ›oben ohne‹ zu baden – kurz: zeigen keinerlei Sensibilität für die Besonderheiten des Gastlandes.

Handeln & Feilschen

Wir wären nicht im Süden, würden die Verkäufer sich gegen Preisdiskussionen wehren. Feilschen gehört meist zum Geschäft – und wenn auch die Shops zunächst einen sehr seriösen Eindruck machen, ein wenig Preiskorrektur ist immer drin. Wichtig: Nicht die arabische Methode wählen, mit Herz, Schmerz und rollenden Augen, sondern eher sachlich den vermeintlich maximalen Preis nennen, den man bereit ist zu zahlen. Oft hilft auch ein Hinweis auf ein günstigeres Angebot nebenan …

Mücken

Am Meer droht kaum Gefahr, denn gegen den Wind kommen die leichten Plagegeister nicht an. In klimatisierten Räumen liegt die Temperatur unter deren Wohlfühlbereich, daher kann man sich auch hier in Sicherheit wiegen. Die Bergregionen fallen ebenfalls aus dem Raster, so dass eigentlich nur in den Barrancos sowie manchen Küstenstreifen Belästigungen auftreten können. Generell gilt Gran Canaria, nicht zuletzt aufgrund seiner langen Trockenperiode, also als plagefreies Reiseziel.

Nackte Haut

Wer mit knappen Shorts und Muskelshirt mittags durch die Straßen zieht, befindet sich in Playa del Inglés in guter Gesellschaft – lockeres Leben wird zelebriert, jeder verhält sich so lässig wie möglich.

In den **Bergen** liegen die Dinge anders, wer hier im Badedress den Kirchplatz entert, sollte nicht überrascht sein, dass ungläubige oder gar unfreundliche Blicke ihn begleiten. Die Canarios mögen übertriebene Hautentblößung gar nicht und erwarten von ernsthaft an Kultur und Natur interessierten Reisenden eine Spur von Anpassung.

An den **Stränden** ist Barbusigkeit längst kein Fauxpas mehr, auch wenn an abgelegenen Naturstränden, die auch Canarios mit Kindern besuchen, darauf verzichtet werden sollte. Eine **FKK-Zone** gibt es in den Dünen von Maspalomas, sie beginnt unterhalb des RIU-Palace-Hotels und zieht sich in Richtung Leuchtturm.

Sicherheit

Leider sind heute **Diebstähle,** insbesondere in den großen Touristenzentren, an der Tagesordnung. Vor allem Las Palmas hat in dieser Hinsicht einen außerordentlich schlechten Ruf, täglich werden dort Dutzende Delikte (meist Diebstahl, aber auch Raubüberfälle) verzeichnet. Es ist stets damit zu rechnen, dass innerhalb von Minuten das Auto leergeräumt wird.

Wertgegenstände sollte man zur Nachtzeit in Las Palmas, vor allem im Vergnügungsviertel Santa Catalina, möglichst überhaupt nicht mit sich herumtragen. Selbst in den finstersten Hafenvierteln braucht man zwar nicht um Leib und Leben zu bangen, doch auch bewaffnete Überfälle häufen sich. Es ist in jedem Fall besser, nächtliche Stadtgänge nicht alleine, sondern möglichst zu mehreren zu unternehmen.

Auch **Hotelzimmer** im Inselsüden sind nicht immer sicher. Geld, Schecks,

Baden ohne Gefahr

So verlockend ein Sprung in die Fluten ist – Baden im Atlantik kann schnell zur unberechenbaren Gefahr werden, vor allem wenn hohe Brandung und starke Unterströmung den Rückweg abschneiden.

Daher vor jedem Badegang einen Blick auf die Fahnen werfen:
Grüne Fahne – keine Gefahr!
Gelbe Fahne – nur für geübte Schwimmer geeignet!
Rote Fahne – Baden verboten!
Nicht immer werden die Fahnen rechtzeitig gesetzt, im Zweifel erkundigt man sich am besten vorab im Hotel nach den Strömungsverhältnissen.

Tickets, Ausweispapiere etc. sollte man einem Safe anvertrauen, über den wohl jede Unterkunft in den Ferienzentren verfügt, und nur Fotokopien vom Reisepass, Ausweis und den wichtigsten Papieren mit sich führen. Auch an den Stränden von Playa del Inglés und Maspalomas gibt es Schließfächer. Sollte trotz aller Umsicht doch einmal etwas gestohlen werden, benötigt man ein Polizeiprotokoll, ohne das keine Versicherungsansprüche geltend gemacht werden können; das deutsche Konsulat in Las Palmas (s. S. 35) hält entsprechende Formblätter bereit.

Preisniveau

Gran Canaria ist schon längst kein Billigreiseziel mehr, insbesondere das Preisniveau in der Gastronomie ist stark gestiegen. Die Getränkepreise in Kneipen und Discos bewegen sich auf internationalem, also hohem Level, Einkaufen ist so teuer wie überall in Europa, wer häufig die Freizeitparks der Insel aufsuchen möchte, muss ein Sonderbudget einkalkulieren, und eigentlich ist nur Autofahren (dank niedriger Mietwagen-Preise) günstiger als zu Hause.

Reisezeit

Auf Gran Canaria ist praktisch immer Saison, die **Hauptreisezeit** liegt in den Weihnachts- und Osterferien sowie in den Sommermonaten Juli und August. **Klimatisch** macht Gran Canaria das ganze Jahr hindurch eine gute Figur. Bis zu 2900 Sonnenstunden werden im Süden pro Jahr gezählt, das sind knapp 8 Stunden pro Tag. Dass es dabei nicht zu heiß wird, dafür sorgt der Atlantik und natürlich der Passat, der von Norden kommend sanft die Kanaren umschmeichelt und die Temperaturen ausgleicht (Wassertemperaturen fast ganzjährig 20–22 °C).

Die **angenehmsten Monate** sind Oktober bis Mai mit Schwerpunkt zwischen Januar und April, da sich die Insel dann ganz und gar grün und reich an Blütenpracht präsentiert. Im Sommer ist es manch einem schon zu heiß und dunstig, die Vegetation ist ausgedörrt und sonnenverbrannt.

Sonnenliegen

Oft als deutsche Unart verschrien, ist das Belegen von Sonnenliegen mit Handtüchern oder Sonnencreme eine Untugend, die Touristen aller Nationen innehaben. Natürlich gibt es auch auf Gran Canaria immer wieder Gezänk um die besten Poolliegen – man geht dem aus dem Weg, indem man einfach früher aufsteht oder sich mit einem Platz in der zweiten Reihe zufrieden gibt.

Souvenirs

In den zahlreichen Shops an Strand und Straße sieht man sie – die klassischen Mitbringsel. Von Kitsch bis Kunsthandwerk reicht die Palette, schwer zu entscheiden, was gut ist und was Schund.

Fiestas und Märkte bieten zunächst einen Überblick, je weniger Touristen umherschlendern, desto größer die Wahrscheinlichkeit, dass wirklich authentische Traditionsware verkauft wird. Wer hochwertige Stickereien vom fliegenden Händler für einen Schnäppchenpreis ersteht, der kann sicher sein, eine gutproduzierte Kopie aus Taiwan in den Händen zu halten. Klassische Märkte gibt es z. B. in Agüimes oder Teror.

Stickereien: Die am meisten verbreiteten Handarbeiten (Tischdecken, Tischläufer, Unterleger) werden mit Hohlsaum- oder Lochstickereien hergestellt.

Keramik: In traditioneller Weise (noch aus vorspanischer Zeit) werden die Unikate ohne Drehscheibe nur aus der Hand gefertigt.

Korbflechterei: Mangels Weiden werden hier die Körbe und Taschen aus Palmblättern oder Stroh geflochten.
Leckereien: Immer wieder ein Genuss ist der **Blütenkäse** aus Guía *(queso de flor)* sowie die zahlreichen **Likörchen,** die in vielen Bergdörfern hergestellt werden. In Arucas kann man **Rum** direkt ab Fabrik kaufen und die Produktion gleich besichtigen.

Spartipps

Wer sein **Handy** mit in den Urlaub nimmt, zahlt oft drauf. Sowohl die spanischen als auch die heimischen Mobilfunkbetreiber kassieren kräftig an Gespräch und SMS. Die Alternative: eine spanische Prepaid-Karte *(tarjeta sim),* z. B. von Vodafone, Telefónica, Vicom oder Hits-Mobile, die es ab etwa 12 € gibt. **Kosten:** Ankommende Gespräche sind kostenlos, mit der passenden Vorwahl in D wie z. B. 01 00 57 zahlt der Anrufer ab 8,25 ct/Min. (andere Anbieter unter www.billiger-telefonieren.de). Abgehende Gespräche nach D/A/CH lagen im Mai 2009 zwischen 2,4 und 24 ct/Min. ins Festnetz und 22–47 ct/Min. aufs Handy, und anklickenswert ist die Website der Deutsch-Canarischen Telefon-Gesellschaft (www.rufanundspar.com, Callcenter 0034 971 584 184): insbesondere der Menüpunkt ›Ruf an + Spar Mobil‹ hilft sparen.

Time-Sharing-Immobilien

Umsicht ist geboten, wenn einen auf der Straße das junge, braungebrannte Volk anspricht und tolle Angebote zu unterbreiten hat. Es locken Gewinne in bar oder Eintrittskarten für Attraktionen im Süden. Der Haken dabei – es handelt sich um die sympathischen Schlepper der Makler, die Time-Sharing-Immobilien verkaufen. Der Rechtsstatus für diese Art des Eigentumserwerbs, bei der man lediglich das auf einen bestimmten Zeitraum bezogene Nutzungsrecht an einer Immobilie kauft, ist in Spanien noch ungeklärt. So kann nicht eindringlich genug davor gewarnt werden, voreilige Entscheidungen zu treffen!

›Seeräuberfahrten‹

Vorsicht ist demjenigen anzuraten, der an einer Werbe-/Verkaufsfahrt teilnehmen möchte. Diese als ›Erdbeerfahrt‹, ›Tropenfahrt‹, ›Seeräuberfahrt‹ und Ähnliches getarnten Touren werden überall in den Ferienorten angeboten. Die Prospekte versprechen den ›schönsten Urlaubstag des Jahres‹, zudem noch kostenlos. Doch fällt man auf solche Angebote herein, geht's von einer ›Finca‹ zur anderen, wo dann penetrante Verkäufer angeblich besonders günstige Bestecke, Markenbettwäsche, esoterische Armbänder oder ›Anti-Magnetfelddecken‹ offerieren. Zwar besteht kein Kaufzwang, aber das Gebaren der Verkäufer ist derart geschickt, dass rund drei Viertel aller Teilnehmer einen Kaufvertrag unterschreiben. Die so erstandene Ware wird später per Nachnahme an die Heimatadresse zugestellt. Spätestens dort wird offenbar, dass man nichts als ›Schrott‹ gekauft hat, der zu Hause dummerweise auch noch wesentlich preiswerter ist.

Trinkgeld

Wer sich für guten Service erkenntlich zeigt und den Rechnungsbetrag aufrundet, ist natürlich ein gern gesehener Gast – das Saisonpersonal wird nicht gerade mit üppigen Gehältern bedacht. Pflicht ist dies auf der Insel aber nicht.

Feste & Unterhaltung

Fiesta del Charco – ›Schlammschlacht‹

Feiertage

6. Jan.: Heilige Drei Könige
März/April: Karwoche/Semana Santa: Höhepunkt des Kirchenjahres
29. April: Gedenktag der Eroberung Gran Canarias durch spanische Truppen
1. Mai: Tag der Arbeit
30. Mai: Kanarischer Nationalfeiertag
Juni, 2. So nach Pfingsten: Fronleichnam/Corpus Cristi
8. Sept.: Tag der Schutzpatronin Virgen del Pino
12. Okt.: Spanien feiert die so genannte Entdeckung Amerikas
1. Nov.: Allerheiligen
6. Dez.: Tag der Verfassung

Feste & Events

Kanarische Lebensfreude, feierliche Religiosität, lateinamerikanische und spanische Folklore – all dies vereinen die Fiestas de Gran Canaria, die traditionellen Volksfeste, die das ganze Jahr über auf der Insel gefeiert werden. Die Canarios veranstalten zu Ehren ihrer unzähligen Schutzheiligen Prozessionen, die von ausgelassenen Feierlichkeiten begleitet werden. Da wird bisweilen mehrere Tage lang musiziert, getanzt und gejubelt, gesungen und gelacht, gegessen und getrunken, meist auf der zentralen Plaza unter freiem Himmel. Auch lokale historische Ereignisse, Namenstage und traditionelle Anlässe werden mit Folkloredarbietungen, prächtigen Umzügen *(cabalgatas)* und bunten Veranstaltungen gefeiert.

Auf dem Musiksektor steht Gran Canaria ebenfalls nicht hinten an. Vor allem in Las Palmas locken ganzjährig Festivals verschiedenster Richtungen, von Jazz über Pop bis Klassik. Da viele Events *open air* abgehalten werden können, ist eine tolle Stimmung vorprogrammiert.

Im Bereich Sport ist Gran Canaria Austragungsort so mancher Wettkämpfe. Ob Fußball, Golf, Tennis oder Segeln – hier trifft sich gern die Prominenz. Ein Höhepunkt ist sicher im November die Atlantic Rallye for Cruisers – ein Highlight für Segler.

Januar

Año nuevo: Silvester wird im Familienkreis oder in Hotels und Restaurants gefeiert. Zum Rutsch ins Neue Jahr werden zu den Glockenschlägen oft zwölf Weintrauben verzehrt.

Cabalgata de los Reyes Magos: Der Umzug der Heiligen Drei Könige wird am 5. Januar vor allem in Las Palmas gefeiert. Es ist in erster Linie ein Fest der Kinder, das am Vorabend des

Dreikönigstags stattfindet. Am 6. Jan. ist für die Kleinen Bescherung. Auf der gesamten Insel gibt es zahlreiche Veranstaltungen.

Fußballturnier in Maspalomas: Beim diesem jährlichen Event (Mitte Jan.) steht die ganze Insel Kopf. Jedes Jahr kommen internationale ›Hochkaräter‹, darunter auch deutsche Mannschaften wie Borussia Dortmund oder Bayer Leverkusen und kämpfen um den Turniersieg.

Festival de Música de Canarias: Festival der Klassik (Jan./Feb.) in Las Palmas im Auditorio Alfredo Kraus am Strand von Las Canteras und im Teatro Cuyás mit internationalen Symphonieorchestern und Solisten, mehrwöchig.

Februar

Fiesta del Almendro en Flor: Der Beginn der Mandelblüte ist besonders in Tejeda und Valsequillo Anlass zu heiteren Festlichkeiten. Es werden traditionelle Handwerkskünste, alte Tänze und klassische kanarische Sportarten (u. a. Stabsprung, Ringkampf) vorgeführt.

Carnaval: Festhöhepunkt des Jahres ist der Karneval. Insbesondere in Las Palmas und Agüimes lässt dann Rio grüßen, mit Umzügen und Musik, Tanz und humoristischen Veranstaltungen – jeder ist verkleidet. Feierliche Krönung der Festlichkeiten ist die Wahl der Karnevalskönigin, bei der die Schönheiten in prachtvollen Kostümen zum Wettbewerb antreten.

März/April

Semana Santa: Die Osterwoche, die hier am Palmsonntag beginnt, wird in vielen Orten mit pompösen Prozessionen gefeiert. Am farbenprächtigsten sind die Umzüge in Las Palmas, wo jeder Tag neue Höhepunkte bringt: Am Palmsonntag reitet ›Jesus auf dem Esel‹ vom Parque de San Telmo los, am Gründonnerstag beginnt um Mitternacht die Vía-Crucis-Prozession an der Kapelle Espíritu Santo in der Vegueta, am Karfreitag lockt die De-las-Mantillas-Prozession zigtausende Besucher zur Plaza de Santa Ana (ab 11 Uhr).

Procesión Magna: in Las Palmas ein besonderes Erlebnis. Die größte Karfreitagsprozession startet um 18 Uhr von den Kirchen San Agustín und Santo Domingo in der Vegueta sowie der Iglesia San Francisco (Triana) und endet an der Kathedrale Santa Ana.

Fiesta de Ansite: Das Fest am 29. April in Santa Lucía und an der Fortaleza Grande will an die letzten aufständischen Altkanarier erinnern. Zu sehen gibt es Umzüge sowie traditionelle Tänze und Sportarten.

Mai

Fiesta del Albaricoque: Am ersten Maiwochenende Aprikosenfest in Fataga mit Folklore, Tanz, Feuerwerk und Kunsthandwerk.

Fiesta del Queso en Flor: In Guía tobt das Volk, zu Ehren des Blumenkäses, der Spezialität des Ortes.

Día de Canarias: Am 30. Mai ist Kanarischer Nationalfeiertag. Zahlreiche Veranstaltungen wie Kleinkunst und

Folklore

Wer keine Gelegenheit hat, eine richtige Inselfiesta mitzuerleben, aber trotzdem Folklore erleben möchte, der sollte sich aufmachen nach Las Palmas, zum Pueblo Canario (s. S. 63). Einmal wöchentlich (So 11.30 Uhr) gibt es hier traditionelle Vorführungen: Musik, Tänze und Trachten live!

Theater in Telde sowie in Las Palmas im Parque Santa Catalina (auch am 29. und 31. Mai).

Juni

Corpus Cristi: Fronleichnam wird am zweiten Sonntag nach Pfingsten mit farbenfrohen Prozessionen gefeiert. Die schönsten sind in Las Palmas und Arucas zu sehen. Straßenteppiche aus Blumen, Sand und Salz bilden das Pflaster für die Prozessionen.

Día de San Juan: Am 24. Juni begeht man besonders auf dem Land das Johannisfest, auf vielen Bergen brennen dann die Johannisfeuer. In Las Palmas ist der Gründungstag der Stadt Anlass für viele festliche Veranstaltungen.

Juli

Internationales Jazz-Festival: Plätze wie das Auditorio Alfredo Kraus, der historische Bezirk Vegueta und der Parque de Santa Catalina in Las Palmas verwandeln sich im Sommer in einen idealen Hintergrund, um der aktuell besten Jazz-Musik zu lauschen.

Nuestra Señora del Carmen: Fest für die Schutzheilige der Fischer am 16. Juli in fast allen Hafenorten (Las Palmas, Gáldar, San Nicolás) mit Schiffsprozessionen. Im Süden Überführung der Heiligenstatue von Mogán nach Arguineguín.

Fiesta de Santiago: Der 25. Juli ist der Tag des gesamtspanischen Schutzpatrons, u. a. in San Bartolomé und Gáldar finden Umzüge, Märkte und Wettkämpfe statt.

August

Bajada de la Rama: In Agaete/ Puerto de las Nieves wird am 4.–7. Aug. das bunteste und wildeste Volksfest gefeiert. Es geht auf einen altkanarischen Brauch zurück, bei dem durch das Schlagen von Kiefernzweigen *(ramas)* aufs Meer die Götter einst um Regen angefleht wurden.

September

Fiesta de la Virgen del Pino: Das religiöse Fest zu Ehren der Inselheiligen wird u. a. mit einer Wallfahrt in Teror begangen, die als die wichtigste des Archipels gilt; Festhöhepunkt: 7./8.Sept.

Fiesta del Charco: Bei dem Fest in San Nicolás am 10. Sept. wirft man sich in voller Montur ins schlammige Nass.

Oktober

Fiesta de la Naval: in Las Palmas: Hafenfest am 6. Okt. in Erinnerung an den Sieg über die Flotte von Sir Francis Drake 1595. Hier werden an verschiedenen Tagen bis ca. zum 20. Okt. Erntedankumzüge, Wasserschlachten, Schiffsprozessionen und Tanzfeste veranstaltet, sehenswert!.

Fiesta de la Virgen del Rosario: In Agüimes finden am 7. Okt. Prozessionen, Folklore und traditionelle Wettkämpfe statt.

November

Atlantic Rallye for Cruisers: Ein Muss für alle Segelsportfans findet immer am letzten So im Nov. statt. Die Regatta startet in Las Palmas und endet auf der Karibikinsel St. Lucia. Ca. 250 Yachten nehmen daran teil und benötigen ca. 18 Tage für die Überfahrt.

Dezember

Fiesta de Santa Lucía: Das Festival des Lichts findet in Arucas, Gáldar und Santa Lucía statt.

Carrera de San Silvestre: Jedes Jahr zu Silvester findet in Playa del Inglés ein Volkslauf statt, an dem Urlauber aller Altersklassen teilnehmen dürfen, ein Riesenspektakel für Jung und Alt ...

Unterwegs mit Kindern

Unterkünfte

Die Canarios gelten als überaus kinderlieb, im Hotel oder Restaurant finden die Kleinen schnell Anschluss an das Personal, das auch in Quengel-Zeiten locker und verständnisvoll bleibt.

Viele Hotels haben Mini-Clubs und Spielplätze und sind auch baulich (Fahrrampen, Aufzüge) auf Familien eingestellt. Zusatz-Kinderbetten sind (gegen Aufpreis) fast überall erhältlich. Für Familien empfehlen sich vor allem **Apartments** oder Bungalows, idealerweise mit eigener Küchenzeile – perfekt wird der Urlaub, wenn trotzdem noch Halbpension gebucht wurde. Den ›Luxus‹, das Essen im Restaurant einzunehmen und gleichzeitig über den Tag verteilt die eigene Küche für Kleinigkeiten nutzen zu können, kann man sich durchaus leisten – das verspricht Erholung auch für den Küchenchef in der Familie.

Strände & Ausflüge

Mit seinen zahlreichen **Stränden** ist Gran Canaria der Himmel für den Nachwuchs. Die Dünen bei Maspalomas mit dem vorgelagerten Strand bilden einen Abenteuerspielplatz sondergleichen. Doch auch kleinere Strände, wie die Playa de los Amadores oder Playa Taurito eignen sich aufgrund ihrer nur flach abfallenden Sandlinie für den unbeschwerten Spaß am Wasser.

Sind Touren mit dem Pkw in die **Berge** geplant, so sollte besonderes Augenmerk auf die Strecke gelegt werden. Die Berg-Nebenstraßen sind kurviger, als man erwarten mag, dementsprechend langsam kommt man voran. Hier sind im Schnitt max. 30 km/h realistisch, die Belastung durch die Kurvenfahrten für die Kleinen nicht zu unterschätzen (Übelkeit).

Attraktionen

Vor allem für ältere Kinder kann der Besuch einer der **Freizeitparks** willkommen sein. Die meisten davon befinden sich naturgemäß im Süden, nahe der touristischen Ballungszentren.

Neben den Wasserparks locken die **Themenparks**, z. B. der subtropische Palmitos Park (s. S. 70) mit zahlreichem Getier oder Sioux City mit Rodeo- und Stuntshow (s. S. 91). Sicherlich Geschmackssache bei Tierfreunden sind die Tierparks Parque de Cocodrilos (s. S. 42) und Reptilandia (s. S. 57). Der Renner sind die **Kartbahnen** im Süden – sie vermitteln Formel-1-Feeling.

Eines haben alle Parks und Attraktionen gemeinsam: Ein Besuch belastet die Urlaubskasse meist erheblich – steuern lässt sich das lediglich im Holiday World (s. S. 70), in dem man die gewünschten Attraktionen einzeln bezahlt.

Gefahren

Gran Canaria ist ein durch und durch unkompliziertes Reiseziel. Trotzdem bitte beachten: **Strände** sind vor dem Baden unbedingt auf den weiteren Verlauf zu prüfen (stark oder flach abfallend, Stein oder Sand, evtl. Meeresgetier). Und auch die oftmals ausladenden **Poollandschaften** bergen eigene Gefahren: selbst in den Babybecken gehören kleine Kinder unter ständige Beobachtung. Ausreichender **Sonnenschutz** ist nicht nur am Wasser für die Kleinen obligatorisch: Sonnenschutzcreme mit hohem Lichtschutzfaktor, statt nackter Haut dünnes T-Shirt sowie Sonnenhut oder Baseball-Kappe.

Im Inselinneren ist vor den kakteenartigen Kandelaberwolfsmilchgewächsen zu warnen, die eine milchartige, **stark ätzende Flüssigkeit** absondern.

Übernachten

Immer häufiger: Hotel der Luxusklasse

Touristische Schwerpunkte

Gran Canaria ist ein Massenreiseziel. Um dem jährlichen Saisonansturm Herr zu werden, wurden mehr als 200 000 Fremdenbetten in allen denkbaren Komfort- und Preisstufen allein in den **Ferienorten im Süden** eingerichtet, dazu gesellen sich rund 20 000 in **Las Palmas** sowie einige hundert in anderen Inselregionen.

Obwohl die Touristenzahlen stagnieren bzw. zurzeit rückgängig sind (2008: um 10 % im Vergleich zu 2007), sind weitere Bauprojekte in Planung bzw. in Umsetzung, vor allem hinter dem Faro von Maspalomas (Meloneras) in Puerto de Mogán und Veneguera.

Preise

Alles ist möglich: Billigst schläft der Camper in seinem mitgebrachten Zelt (15–25 € für 2 Pers., Auto, Zelt), der Bungalowtourist liegt mit 40–60 € in der Mitte, einfache Doppelzimmer im Süden oder in Las Palmas kosten ab 30 €, das Apartment mit Blick aufs Meer sollte ab 50–60 € erhältlich sein. In der gehobenen Kategorie liegt man im Doppelzimmer etwa ab 90–120 € pro Nacht, wer ausgesuchten Geschmack und das dazugehörige Bankkonto besitzt, den kann die Nacht in einer Luxus-Suite durchaus auch 1500 € kosten.

Seit einigen Jahren laufen die Bestrebungen auf Hochtouren, den Strom des Massentourismus ein wenig in Richtung ›gehobenes Genießertum‹ zu drehen. Ähnlich wie auf Mallorca will man die ›Ballermänner‹ eintauschen gegen weinsüffelnde Landhaustouristen – dass dies nur schwer zu machen ist, zeigt die wirtschaftliche Betrachtung. Der breite Touristenstrom bringt eine Konstanz und Sicherheit, nach der sich andere Regionen Spaniens nur sehnen.

Pauschal oder individuell?

Die Insel-Hotellerie bietet für jeden Geschmack und Geldbeutel etwas. Natürlich gilt auch hier: Wer tiefer in die Tasche greifen kann, der hat es leichter, ein tolles Quartier zu finden. Doch immer wieder gibt es Ausnahmen, einige davon werden in diesem Buch in den jeweiligen Ortskapiteln vorgestellt.

Meist sind Pauschalpakete, vorab gebucht, günstiger. Die Halbpension ist in den o. g. Preisen oftmals schon enthalten. Kurzentschlossene reisen im Zeitalter des Internet natürlich noch einmal günstiger.

In den Ferienzentren im Süden der Insel ist man überwiegend auf Pauschaltourismus eingestellt, so dass die meisten Häuser von Reiseveranstaltern ›geblockt‹ werden. Nicht nur in der Hochsaison über Weihnachten und

Ostern kann es ein Problem sein, dort als Individualreisender ein vakantes Hotel- oder Apartmentquartier zu finden. In Las Palmas und im Inselinnern dagegen ist es meist kein Problem, spontan ein Pensions- oder Hotelzimmer zu bekommen. Wer des Spanischen mächtig ist und nur geringe Ansprüche an seine Unterkunft stellt, der hat ohnehin kaum Probleme, etwas Adäquates zu finden – viele Canarios vermieten nebenbei Zimmer in ihren Dorfhäusern.

Einfach so ›auf blauen Dunst‹ hin anzureisen, kann jedoch generell nicht empfohlen werden. Zumindest für die ersten ein, zwei Nächte sollte man schon von zu Hause aus – am besten per Fax – eine Unterkunft vorbuchen (während der Hochsaison ist eine frühzeitige Buchung für den gesamten Urlaubszeitraum empfohlen!).

Turismo Rural

Der ›ländliche Tourismus‹ auf Gran Canaria will Alternativen zu den ›Bettenburgen‹ des Südens schaffen. Angesprochen ist der anspruchsvolle Individualreisende, der die Nähe zur Natur und den Kontakt zu den Einheimischen sucht.

In den letzten Jahren wurden zahlreiche neue Unterkünfte auf dem Land geschaffen, einige Hotels entstanden, einige Privatzimmer wurden eingerichtet und Fincas ganz oder teilweise ausgebaut. Viele davon mithilfe von EU-Geldern, die vorzugsweise in aufzumöbelnde Privatquartiere flossen.

Informationen über und Adressen von Apartments und Zimmern geben heraus:

Grantural: Calle Perojo, 36 Bajo Izquierda, 35003 Las Palmas, Tel. 00 34 90 21 57 28, Fax 00 34 928 39 01 70, www.ecoturismocanarias.com. Dutzende Häuser ab etwa 70 € für 2 Pers.

Gran Canaria Rural: Calle Tenerife 24, 35008 Las Palmas, Tel 00 34 928 46 25 47, Fax 00 34 928 46 08 89, www.grancanariarural.com. Rund 40 Ferienhäuser.

Ferienhaus-Vermittlung fincaferien.de: Hainbergstr. 18, 31167 Bockenem, Tel. 05067-65 26, Fax 05067-69 89 23, www.fincaferien.de. Dutzende Ferienwohnungen ab etwa 50 € für 2 Pers., Ferienhäuser ab ca. 70 €.

Camping

Gran Canaria ist nicht wirklich auf Camper eingestellt. Es gibt vier kommerzielle Plätze, von denen aber nur zwei zu empfehlen sind (s. S. 43 und 45).

Das Amt für Kultur und Umweltschutz unterhält 22 einfache Zeltplätze in den Bergen (alle über 1000 m), in den Ferien sind sie jedoch meist von Jugendgruppen belegt. Um dort zelten zu dürfen, benötigt man eine Genehmigung, die es im Informationsbüro der Inselregierung in Las Palmas gibt:

OIAC: Calle Profesor Agustín Millares Carló s/n (Edificio Insular I), hinter der Bibliothek von Las Palmas, Tel. 928 219 22 29, oiac@grancanaria.com, Mo–Fr 8.30–14, Sa 9–12 Uhr. Der Reisepass ist mitzubringen.

Wildcampen ist offiziell verboten.

Jugendherberge

Es gibt eine offizielle Jugendherberge in Santa Maria de Guía. Hier sind neben der allgemeinen Jugend auch Menschen über 26 willkommen, wer keinen gültigen Jugendherbergsausweis besitzt, kann pro Nacht eine ›Lizenz‹ erwerben. Als inoffizielle Jugendherberge gilt auch die Albergue de Montana in Tejeda, die preisgünstiges Unterkommen in den Bergen ermöglicht, und in Las Palmas finden sich mehrere Backpacker-Hostels, in denen man ab 14 € pro Person unterkommen kann, Infos unter www.hostelbookers.com.

Essen & Trinken

Typisch kanarische Spezialitäten

Internationale Küche

Ob Sie die exotischen Köstlichkeiten einer indonesischen Reistafel, chinesische Schwalbennestsuppe, französische Chateaubriands, italienische Pizza, bayerische Leberknödel, friesischen Labskaus oder die schlichte Ruhrpott-Currywurst mit Pommes bevorzugen – in den Ferienzentren kann man aus dem Angebot unzähliger Restaurants wählen, die internationale Küche bieten. Entlang der wichtigen Touristenstraßen reihen sich die deutschsprachigen Werbetafeln aneinander – hier ist einfach alles erhältlich.

Traditionelle Küche

Die traditionelle kanarische Küche kennt in erster Linie bodenständige und deftige Gerichte. Sie ist der spanischen Festlandsküche sehr ähnlich. Öl, Knoblauch, Gewürze und Kräuter werden reichlich verwendet. Fisch und Meeresfrüchte serviert man an der Küste in vielerlei Variationen – gegrillt, gekocht, gebraten, als Suppe oder in einer scharfen Sauce.

In den Bergregionen steht Ländlich-Deftiges auf dem Speiseplan. Dazu gehören unter anderem Gerichte mit Schweine-, Lamm-, Hammel- oder Kaninchenfleisch, aber auch einfache bäuerliche Kost wie Kartoffelgerichte oder Eintöpfe.

Preisniveau

Preislich hat sich mit der Einführung des Euro einiges verändert. Die Gastronomie hat, wie auch in heimischen Gefilden, die Währungsumstellung genutzt, um höhere Preise durchzusetzen. Selbst ein Tapa-Tellerchen kostet mindestens 3–5 €, in einem einfachen Lokal muss man mit etwa 8–10 € für ein schlichtes Gericht rechnen, und wählt man die bessere Alternative mit Terrassenblick aufs Meer, sind 12–15 € anzusetzen. Mit Vorspeise, Hauptgericht und Dessert kommt man auf gut 25–30 €, und ist man darüber hinaus Freund gehobener kulinarischer Genüsse und besucht eines der feineren Restaurants, so wird die Börse auch schnell einmal um 50 € erleichtert.

Wirklich günstig sind nur die in jedem Restaurant kraft Gesetz vorgeschriebenen Tagesmenüs *(Menú del dia),* die es werktags zumindest mittags, oft schon ab 8–10 €, gibt.

Restaurants und Bars

Die Restaurants ähneln durchaus den heimischen, man wählt natürlich hier besonders gern Lokale mit der Möglichkeit, auf der Straße, der Gartenterrasse oder bestenfalls am Meer zu sitzen. Die Restaurants sind meist von 13–15.30 und 19–24 Uhr, in den Ferienzentren oft durchgehend geöffnet.

Hier hat man sich längst den mittel- und nordeuropäischen Essenszeiten angepasst.

Bei den Bars jedoch muss man sich umgewöhnen – sie haben in der Regel (wenn nicht von Deutschen in einer Touristenmeile geführt), wenig mit den heimischen Eckkneipen zu tun. Sie sind Treffpunkt auch für Familien, man hält hier Schwatz und erfreut sich an der eigenen Geselligkeit. Angeboten werden nur kleine Gerichte sowie die typischen *tapas,* die ursprünglich erfunden wurden, um die Wartezeit zwischen den Getränken interessanter zu gestalten (die Tellerchen dienten zudem als Deckel für die Gläser, um die Getränke vor umherfliegenden Insekten zu schützen).

Getränke

Mineralwasser ist das meist verbreitete Tischgetränk (der Hitze wegen), dicht gefolgt von Wein (des Geschmacks wegen). Das Tafelwasser stammt fast vollständig aus inseleigenen Quellen (Firgas, Teror) und wird mit Kohlensäure *(con gas)* oder ohne *(sin gas)* angeboten.

Inselwein gibt es durchaus, einst zählte er sogar zu den besten der Welt. Allerdings bekommt man ihn heute fast nur noch in den Restaurants und Bars nahe des letzten verbliebenen Anbaugebietes in Monte Lentiscal und Santa Brígida. Im Rest der Insel wird spanischer Wein vom Festland getrunken, ein Genuss zu Fisch und Käse ist der leichte Torres Vina Sol, der meist nur aus den letzten beiden Jahren verkauft wird (frisch und fruchtig).

Neben den weltweit uniformen Softdrinks (Cola & Co.) werden auch Fruchtsäfte angeboten, am besten mundet jedoch *zomo de naranja natural* – klassischer, frisch gepresster Orangensaft, der fast überall erhältlich ist (3–5 €).

Frühstück

Die Canarios frühstücken in der Regel in einem Café. Das erste Frühstück *(desayuno)* besteht aus Kaffee (selten aus Tee), einem *tostado,* einem *croissant a la plancha* oder einem *bollo*. Die kanarische Variante sind *gofio y leche* oder *gofio y café* (s. S. 26). Später, ab 10 Uhr, darf's auch etwas Deftigeres sein: ein *montado* (belegtes Brötchen), ein *bocadillo* (belegtes Stangenbrot) oder ein *bikini* (Käse-Schinken-Toast).

Mittagessen

Das Mittagessen *(almuerzo)* nimmt man zwischen 13 und 15.30 Uhr ein. Wer weder Wein (oder auch Bier) noch Gedeck bestellt (Brot, Butter, Oliven, Käse), gibt sich schnell als Ausländer zu erkennen. Auf das warme Hauptgericht kann man sich mit einer Suppe, Vorspeise oder einem Salat einstimmen. Zum Abschluss sollte man sich die delikaten Süßspeisen *(dulces)* nicht entgehen lassen. Mit einem *plato del día* (Tagesgericht) liegt man immer richtig, vor allem preislich. Wer Opulentes in der Mittagshitze meiden möchte, der bestellt eine kleine Portion *(media ración).*

Abendessen

Das Abendessen *(cena)* wird selten vor 21 Uhr eingenommen, denn auf diesen eigentlichen Höhepunkt des Tages muss man sich entsprechend vorbereiten: Etwa ab 19 Uhr promeniert und flaniert man auf den Paseos und Plazas, bummelt mit Freunden durch die Kneipen, trinkt Wein oder Sherry und holt sich mit den *tapas* den nötigen Appetit. Die Speisefolge der *cena* unterscheidet sich in nichts von der des Mittagessens. Sie ist aber noch üppiger, wird mit mehr Wein und wesentlich mehr Zeit genossen.

Kulinarisches Lexikon

Frühstück

bikini Käse-Schinken-Toast
bocadillo belegtes Stangenbrot
bollo Hefegebäck
café con leche Kaffee mit Milch
chorizo Salami
croissant a la plancha getoastetes Croissant mit Marmelade
gofio Mehl aus Getreide oder Mais, vor dem Mahlen leicht geröstet, einst Brotersatz und Grundnahrungsmittel der Insulaner, dem Brühe, Molke, Milch oder Honig beigemischt wurden
gofio y leche gofio mit Milch
gofio y café gofio mit Kaffee
huevo Ei
infusión Kräutertee
jamón serrano/de York roher/gekochter Schinken
mantequilla Butter
miel Honig
montado belegtes Brötchen
pan Brot
queso Käse
tostado gebutterter Toast mit Marmelade

Kanarische Spezialitäten

carajaca in Öl und Knoblauch angeschmorte Leberstückchen, in Rotwein gegart
conejo en salmorejo Kaninchen, über Nacht in eine Marinade eingelegt und im Tontopf geschmort
mojo Sauce, scharf *(picón)* oder würzig *(verde)*, aus Olivenöl, Essig, Knoblauch und Gewürzkräutern
papas arrugadas con mojo in einem speziellen Verfahren zubereitete kleine, runzlige Kartoffeln mit einer Salzkruste und *mojo*
puchero canario deftiger Eintopf aus Fleisch, Paprikawurst und Süßkartoffeln, Gemüse, Gewürzen sowie Apfel- und Birnenstückchen
rancho canario Eintopf aus fetten Schweinerippchen, Paprikawurst, Kichererbsen, Kartoffeln und Nudeln nebst Unmengen an Zwiebeln und Knoblauch
sancocho Suppe mit Trockenfisch, Süßkartoffeln, Zwiebeln, Knoblauch, *mojo* und *gofio*
tollo Trockenfisch, mariniert und über Holzkohlefeuer gegrillt

Spanische Spezialitäten

arroz a la pescadora knoblauchreiche Reissuppe mit Tintenfisch und Meeresfrüchten
gazpacho kalte Gemüsesuppe
legumbres rellenas gedünstete Auberginen, Paprikaschoten oder Zucchini, gefüllt mit Fleisch, Schinken, Zwiebeln, Knoblauch
merluza marinera gebackener Seehecht mit gerösteten Mandeln
paella traditionelles Reisgericht mit Gemüse, Geflügel, Fleisch oder Meeresfrüchten
tortilla Omelett mit Kartoffeln, Pilzen oder Gemüse
zarzuela de mariscos Fisch und Meeresfrüchte in Öl gebraten, in einer Sauce aus Zwiebeln, Knoblauch, Lorbeer, Wein und Tomaten, wird mit Reis serviert

Tapas/Vorspeisen

ensalada Salat
tapas kleine Häppchen, z. B. marinierte Oliven, gebratene Paprikaschoten oder Champignons, *tortillas,* Sardinen, Tintenfisch

Fleisch & Geflügel

a la parilla gegrillt

a la plancha gebraten
carne Fleisch
cabra Ziege
cerdo Schwein
conejo Kaninchen
cordero Lamm
escalopa Schnitzel
filete de cerdo empanado paniertes Schweineschnitzel
parillada Grillplatte
pato Ente
pavo Truthahn
pollo Hähnchen
salchicha Würstchen

Fisch & Meeresfrüchte
almeja Venusmuschel
atún Thunfisch
besugo Seebrasse
caballa Makrele
cabrilla Sägebarsch
calamar Tintenfisch
dorada Goldbrasse
gamba Krevette
lenguado Seezunge
marisco Meeresfrüchte
mejillón Miesmuschel
merluza Seehecht
mero Zackenbarsch
salmón Lachs
pescado Fisch

Beilagen/Gemüse
alubia Bohne
arroz Reis
berenjena Aubergine
espinaca Spinat
fideos Nudeln
garbanzo Kichererbse
judía verde grüne Bohne
pastas Nudeln
patatas Kartoffeln
salsa Sauce
verdura Gemüse
zanahoria Möhre

Dessert
helado Speiseeis
tarta Kuchen
nata Sahne

Obst
albaricoque Aprikose
cereza Kirsche
ciruela Pflaume
fresa Erdbeere
fruta Obst
limón Zitrone
manzana Apfel
melocotón Pfirsich
naranja Orange
pera Birne
piña Ananas
plátano Banane
sandía Wassermelone
uva Weintraube

Getränke
agua mineral Mineralwasser
… con/sin gas mit/ohne Kohlensäure
aguardiente Schnaps
bebida Getränk
café cortado Espresso mit etwas Milch
caño Bier von Fass
cerveza Bier
hielo Eis (zum Kühlen)
leche Milch
vino blanco Weißwein
vino del monte Wein aus Gran Canaria
vino dulce/seco süßer/trockener Wein
vino rosado Roséwein
vino tinto Rotwein
zumo Saft
… de naranja Orangensaft

Aktivurlaub

Gran Canaria bietet Wassersport in allen Variationen

Vielfalt der Urlaubsaktivitäten

Obwohl das Gros der Touristen damit zufrieden scheint, am Strand zu liegen, gibt es auf Gran Canaria mannigfaltige Möglichkeiten zur sportlichen Freizeitgestaltung. Ob Segeln oder Windsurfen in der Bucht, Radfahren auf der Promenade, Wandern oder Motorradfahren in den Bergen – für jeden ist etwas dabei.

Oftmals hat man erst im Urlaub Zeit, eine Sportart näher kennen zu lernen. Das vielfältige Freizeitangebot der Insel bietet sich dafür an: Anfängerkurse im Tauchen, Windsurfen, Tennis oder Fallschirmspringen ermöglichen den Einstieg in die neue Disziplin.

Angeln

Hochseeangeltouren (Big Game Fishing) werden an der Südküste angeboten, vor allem in Puerto Rico, Arguineguín und Puerto de Mogán.

Fallschirmspringen & Paragliding

Den Mut muss man schon mitbringen, die Kenntnisse nicht: Der Traum vom Fliegen wird beim Tandemsprung wahr, bei dem man mit einem erfahrenen Lehrer ›huckepack‹ den ersten Fallschirmsprung wagt (s. San Agustín und Tipp S. 90).

Golf

Neun Golfplätze buhlen um die Gunst der ›Schlagkräftigen‹, davon fünf im Inselsüden. Der spektakulärste ist sicher der Club de Golf de las Palmas (www.realclubdegolfdelaspalmas.com) am Vulkankrater Bandama. Schön in den Bergen hinter der Costa Canaria liegt der Salobre Golf & Resort (www.salobregolfresort.com), während der Anfi Tauro Golf (www.anfitauro.es) bei Mogán mit eindrucksvollem Meerblick besticht und auch der größte ist.

Motorradfahren

Wer jemals in den Bergen Gran Canarias mit dem Motorrad unterwegs war, weiß um die Faszination der Touren. Geländefahrer bevorzugen natürlich die zahlreichen Schotterpisten, die Abenteuer pur versprechen. Einen Trip wert sind u. a. die Piste von Soria nach Norden (Richtung Cruz de San Antonio), die Piste am Chira Stausee entlang nach Süden sowie die Schotterpfade, die zwischen Puerto Rico und Puerto de Mogán die Barrancos hochführen.

Tourenfahrer kommen auf den normalen, windigen Bergsträßchen gut zurecht. Die Asphaltierung ist durchgängig als gut zu bezeichnen, vor gefährlichen Abgründen schützen meist Leitplanken – lediglich vor Steinschlag muss man sich in Acht nehmen. Hier allerdings weniger vor der Gefahr, live getroffen zu werden als vor Sand, Steinen und kleinem Geröll, das hinter jeder nächsten Kurve warten kann.

Ein Muss für alle Fahrer: Sonnenbrille und -creme! Der Fahrtwind vertreibt die Schmerzgrenze, die ausgeliehenen Helme sind oftmals nur coole Blechschalen (klingt albern, aber bitte auf die Spitzen der Ohren achten, die brennen als erstes an!). Motorradverleih in Playa del Inglés (s. S. 37).

Mountainbiking

Mountainbiker finden im gebirgigen Inselinnern optimale Verhältnisse in allen Schwierigkeitsgraden vor. Bequeme asphaltierte und wenig frequentierte Hochgebirgsstraßen gilt es ebenso zu überwinden wie unebene und schwierig zu befahrene Pisten. Die zahlreichen Fahrradverleiher – zu den größten zählt Free Motion in Playa del Inglés– konzentrieren sich vor allem auf die Ferienzentren. Wer die Insel per Mountainbike entdecken will, sollte in Anbetracht der Preise (12–26 €/Tag) das Fahrrad von zu Hause mitbringen.

Die Broschüre »Cicloturismo«, herausgegeben vom Touristenbüro in Playa del Inglés, stellt vier reizvolle Mountainbike-Touren mit unterschiedlichen Schwierigkeitsgraden vor.

Segeln

Aktive Segler finden ihre Sporthäfen in Las Palmas Paito Blanco, in Arguineguín, Puerto Rico, Puerto de Mogán sowie Puerto de las Nieves. Hier gibt es jede erforderliche Versorgung, in den meisten Häfen werden auch Boote vermietet.

Wer segeln lernen will, der ist in Puerto Rico bestens aufgehoben, hier gibt es kompetente Schulen, die Kurse mit international anerkannten Zertifi-

Die schönsten Strände

Dunas de Maspalomas: Die saharaähnliche Dünenlandschaft ist mit 5 km^2 Ausdehnung fraglos die größte und beeindruckendste Sandfläche der Insel (s. S. 69).
Playa del Inglés: Der längste Strand der Südküste (3 km) geht direkt in die Dunas de Maspalomas über (s. S. 76).
Playa de los Amadores: künstlich angelegter, geschwungener Traumstrand hinter Puerto Rico nahe der Küstenstraße mit schneeweißem Korallensand, kleiner Promenade und permanent wachsender Infrastruktur (s. S. 88).
Playa de Puerto Rico: feiner, weißer Sand in einem geschwungenen Halbrund. Der künstlich aufgeschüttete Strand ist einer der schönsten Sandspielplätze der Insel (s. S. 88).
Playa de las Canteras: Wer's mehr à la Copacabana haben möchte, also Urbanität am Sandsaum sucht, der wird von dem 3 km langen Strand bei Las Palmas sicherlich begeistert sein (s. S. 63).
Playa de Güigüí: Das Strandparadies der Insel (s. S. 75) liegt traumhaft schön und ist gänzlich unbebaut; glücklicherweise nur zu Fuß im Rahmen einer anstrengenden Wanderung oder einer Bootsfahrt ab Puerto de Mogán (s. S. 84) erreichbar.

katen anbieten. Freunde ästhetischer Yachthäfen sollten vor allem Puerto de Mogán aufsuchen – ein Hafen könnte nicht pittoresker sein. Zwischen September und Februar kommen viele Transatlanktiksegler in die Häfen, um ihre Tanks und Proviantmagazine für den langen Überseetrip aufzufüllen.

Ein Muss für alle Segelsportfans findet immer am letzten Sonntag im November statt: Während der Atlantic Rallye for Cruisers starten 250 Yachten in Las Palmas mit Kurs auf St. Lucia in der Karibik.

Strandleben

Mehr als 70 Strände verteilen sich auf 32 km Sand- und 24 km Kiesstrand – wer hier nicht sein Fleckchen Urlaubsglück findet, dem ist kaum zu helfen. Hell bis goldgelb scheinen die großen Vertreter der Branche, die Playa de las Canteras sowie die Playa de Maspalomas/del Inglés, schneeweiß die neue Playa de los Amadores. Nicht alle sind von derart klassischer Schönheit, viele kleinere Buchten werden gesäumt von dunklem Sand oder Kies, so manche sind nur über Fußwege in den Klippen zu erreichen.

Die Sonne scheint fast immer und macht den Badeausflug zum perfekten Erlebnis. Nicht nur im Sommer sind Schirme und/oder Kappen sinnvoll, Badelatschen erleichtern den Zugang zur Wasserlinie enorm, vor allem auf dunklem Vulkansand. An allen ›erschlossenen‹ Stränden gibt es eine gute Infrastruktur, Sonnenschirme und -liegen können gemietet werden, Restaurants und Bars haben sich angesiedelt, Busse verkehren regelmäßig. Trotz aller touristischen Erschließung sind ungestörte Fleckchen jederzeit zu finden, oftmals reichen dazu nur wenige Hundert Meter Fußmarsch. In der Woche zumindest, denn an den Wochenenden geht es an allen ›Geheimtipps‹ hoch her. Dann nämlich rücken die Einheimischen aus – mit Picknicktisch, Kofferradio und Kühlbox …

Surfen

Der Kanarenstrom und der Passat sorgen für hohe Brandungswellen, so dass auf Gran Canaria Wellenreiten möglich ist. Die besten Bedingungen finden sich in Las Palmas sowie in Sardina del Norte, Anfänger kommen auch in Maspalomas bei kleineren Wellen auf ihre Kosten.

Tauchen

Wer die wunderbaren Tauchgründe der Insel entdecken will, kann u. a. in den Touristenzentren des Südens an Tauchexkursionen und Tauchkursen teilnehmen. Vom ersten Sprung in den Pool bis hin zur Tagesexpedition zum Wrack wird alles geboten. Die Tauchbasen liegen meist in größeren Hotelanlagen, was aber nicht bedeutet, dass nur die jeweiligen Gäste in den Genuss kommen, die Basen sind öffentlich zugänglich.

Interessante küstennahe Reviere bieten sich in bei Arinaga sowie in Sardina del Norte. Wer bereits Erfahrung besitzt, kann weiter hinaus fahren. Hier bietet sich so manch spannendes Erlebnis, Begegnungen mit Barracudas oder Tunfischen bleiben unvergessen.

Schnorcheln kann man am besten in den zahlreichen kleinen Felsbuchten an der Südküste. Man sollte nicht zuviel erwarten, mit der Türkei oder Israel kann die Küste nicht mithalten, lustig ist es in jedem Fall.

Tennis & Squash

An Tennisplätzen herrscht kein Mangel. Viele Hotels verfügen über einen Court, der auch von Nicht-Gästen genutzt werden kann. In den Ferienzentren kann man sich in zahlreichen Squashhallen sportlich betätigen. Die größten Anlagen befinden sich in Maspalomas (auf dem Campo Internacional) sowie in Puerto Rico (neben dem Busbahnhof).

Wandern

Das Bergland von Gran Canaria lädt zu wundervollen Wanderungen ein. Wer gut zu Fuß ist, über Wanderschuhe und ein wenig Entdeckergeist verfügt, kann die atemberaubende Schönheit der Insel in leichten oder schwierigen Wanderungen erkunden (s. auch Tour 5, S. 116).

Geführte Wandertouren in Gebieten, die ansonsten dem Urlauber verschlossen bleiben, organisiert free motion in Playa del Inglés (www.free-motion.net).

Weitere Wassersportarten

Neben Windsurfen, Surfen und Segeln werden Wasserski, Parasailing und Kitesurfing an der Südküste angeboten, vor allem in Puerto Rico, Arguineguín und Puerto de Mogán.

Windsurfen

Windsurfer wissen Gran Canaria schon seit Jahren zu schätzen. Es sind der Nordostpassat, der von November bis April weht, sowie dessen Gegenstück, ein thermisch bedingter Südwestwind, um die sich hier alles dreht. Surfschulen und Brettverleiher gibt es viele. Anfänger finden in Puerto Rico ideale Surfbedingungen vor, während sich Funboarder und alle, die es werden wollen, bevorzugt an der wilderen Bahía Feliz oder in Pozo de Izquierdo in die Wellen stürzen.

Wellness

Wellness ist in aller Munde – kaum ein Reiseveranstalter kommt heute ohne entsprechende Angebote aus. Auf Gran Canaria haben zahlreiche Hotels Wellness-Center eröffnet, die meist jedoch von externen Unternehmen geführt werden und daher in der Regel auch für jedermann offene Türen haben. Es gibt viele kleine Zentren und einige spektakuläre, die eine besondere Beschreibung verdienen.

Herauszuheben ist zunächst das **Thalasso-Zentrum** im Hotel Gloria Palace (www.gloriapalaceth.com) in San Agustín, das mit seinem austernförmig gedeckten Schwimmbad und einfach berückendem Blick über die Küste Maßstäbe setzt. Das **Vital-Cente**r im Hotel Eugenia Victoria in Playa del Inglés bietet orientalisches Ambiente und lädt ein mit Cleopatrabad und Schwebeliegen im Licht-Wellen-Raum.

Im maurischen Stil präsentiert sich die Wellness-Oase im Steigenberger **Vital Suites** in Playa del Inglés (s. S. 80). Diverse Saunaanlagen (Biosauna, finnische Sauna) sowie ein ausgereiftes Paket an Therapieanwendungen (Fango-, Algen- und Cleopatrabäder) lassen schnell den Alltag vergessen.

Ein edles Kleinod der Gesundheits-Oasen findet sich im **Grand Hotel Residencia,** Maspalomas (s. S. 72). Hier ist man ganz unter sich, entspannt im Rasulbad oder lauscht der Unterwassermusik im Wellness-Pool.

Die Kosten für Behandlung oder Therapie liegen auf durchaus angenehmem Niveau, die Qualität des Angebots braucht den europäischen Vergleich nicht zu scheuen.

Sprachführer

Allgemeines

Guten Morgen	Buenos días
Guten Tag	Buenas tardes
Guten Abend	Buenas noches
Auf Wiedersehen	adiós
Hallo, wie geht's?	¿hola, qué tal?
bitte	por favor
danke	gracias
Entschuldigung	disculpe, perdón
Ich heiße …	me llamo …
Wo ist…?	Dónde está …
Wann?	Cuándo?

Zeit

Montag	lunes
Dienstag	martes
Mittwoch	miércoles
Donnerstag	jueves
Freitag	viernes
Samstag	sábado
Sonntag	domingo
Feiertag	día festivo
Minute	minuto
Stunde	hoy
Tag	el día
Woche	la semana
Monat	el mes
Jahr	al año
heute	hoy
gestern	ayer
morgen	mañana
morgens	por la mañana
mittags	a mediodía
nachmittags	por la tarde
abends/nachts	por la noche
vor/nach	antes/después
früh/spät	temprano/tarde

Notfall

Hilfe!	¡Socorro!
Polizei	la policía
Arzt	médico
Unfall	accidente
Panne	avería

Unterwegs

Haltestelle	parada
Bahnhof	estación
Bus	autobús
Fahrkarte	billete
Auto	el coche
Autobahn	autopista
Tankstelle	gasolinera
Werkstatt	taller
Flughafen	aeropuerto
rechts	a la derecha
links	a la izquierda
geradeaus	todo recto
hier/dort	aquí/allí
Stadtplan	el plan de la ciudad
Auskunft	la información
Vorsicht	¡Cuidado!/¡Ojo!
Bank	el banco
Telefon	teléfono
Telefonkarte	tarjeta prepago
Post	el oficina de correos
Briefmarke	el sello
geöffnet	abierto
geschlossen	cerrado

Einkaufen

kaufen	comprar
Geschäft	la tienda
Markt	el mercado
Geld	el dinero
bar	en efectivo
Kreditkarte	tarjeta de crédito
Geldautomat	el cajera automático
teuer/billig	caro/barato
Wieviel?	Cuánto?
ein Stück	una pieza de …

Im Hotel

Zimmer	habitación
Einzelzimmer	un cuarto individual
Doppelzimmer	un cuarto doble
Einzelbetten	dos camas
mit/ohne Bad	con/sin baño
Dusche	la ducha

Schlüssel	la llave
Handtuch	la toalla
Aufzug	el ascensor
Gepäck	el equipaje
Ausweis	el pasaporte
Quittung	el recibo
Empfang	la recepción
Preis	el precio
Rechnung	la cuenta
Name	el nombre
Nachname	el apellido
abreisen	partir
Parkplatz	aparcarmiento
Zelt	la tienda
Wohnwagen	la caravana

Im Restaurant

Frühstück	el desayuno
Mittagessen	el almuerzo
Abendessen	la cena
Mahlzeit	la comida
essen	comer
trinken	beber
Tisch	la mesa
reservieren	reservar
Besteck	el cubierto
Messer	el cuchillo
Gabel	el tenedor
Löffel	la cuchara
Teelöffel	la cucharilla
Teller	el plato
Flasche	la botella
Glas	el vaso
Speisekarte	la carta
Portion	la ración
Häppchen	la tapa
Vorspeisen	entremeses
Nachspeise	el postre
zahlen	pagar
Rechnung	la cuenta
vegetarisch	vegetariano
Wasser	agua
Getränk	la bebida
mit Kohlensäure	con gas

1	uno	16	diez y seis
2	dos	17	diecisiete
3	tres	18	dieciocho
4	cuatro	19	diecinueve
5	cinco	20	veinte
6	seis	21	veintiuno
7	siete	30	treinta
8	ocho	40	cuarenta
9	nueve	50	cincuenta
10	diez	60	sesenta
11	once	70	setenta
12	doce	80	ochenta
13	trece	90	noventa
14	catorce	100	cien
15	quince	1000	mil

Wichtige Sätze

Wie komme ich nach …? ¿Cómo voy a …?
Wieviel kostet das? ¿Cuanto vale esto?
Wo gibt es …? ¿Dónde hay por aquí…?
Ich brauche… Necessito…
Wann öffnet/schließt …? ¿A qué hora abre/cierra? …?
Haben Sie ein freies Zimmer? ¿Hay una habitación libre?
Sprechen Sie Deutsch/Englisch? ¿Habla alemán/inglés?
Wo kann ich den Wagen parken? ¿Donde puedo aparcar el coche?
Können Sie mir helfen? ¿Puede usted ayudarme?
Hau ab! ¡Lárgate!

Auskunft

Spanische Fremdenverkehrsämter

... in Deutschland: www.spain.info/de

– Kurfürstendamm 63, 10707 Berlin
Tel. 030/882 65 43, Fax 882 66 61
– Grafenberger Allee 100, 40237 Düsseldorf
Tel. 0211/680 39 8, Fax 680 39 85
– Myliusstr. 14, 60323 Frankfurt a. M.
Tel. 069/72 50 38, Fax 72 53 13
– Schubertstraße 10, 80336 München
Tel. 089/530 74 60, Fax 53 07 46 20

... in Österreich: www.spain.info/at

Walfischgasse 8, 1010 Wien 1
Tel. 01/512 95 80, Fax 512 95 81

... in der Schweiz: www.spain.info/ch

Seefeldstr. 19, 8008 Zürich
Tel. 044/253 60 50, Fax 252 62 04

Die Adressen der Fremdenverkehrsbüros auf Gran Canaria: s. die jeweiligen Ortsinformationen (ab S. 40).

Einreise

Schweizer, Deutsche und Österreicher benötigen einen gültigen **Personalausweis** bzw. **Reisepass,** Kinder (sofern sie nicht im Pass der Eltern eingetragen sind) einen Kinderausweis.

Wer mit dem eigenen **Fahrzeug** anreist, sollte die Grüne Versicherungskarte mitnehmen. Für **Haustiere** wird ein amtstierärztliches Zeugnis verlangt, für **Hunde** zusätzlich der Nachweis einer Tollwut-Schutzimpfung, die mindestens einen Monat zurückliegt, aber nicht älter als zwölf Monate sein darf.

Die Kanaren gelten **zollrechtlich** als ›Drittländer‹. Pro Person (ab 17 Jahre) sind bei der Einreise in die EU oder die Schweiz erlaubt: 200 Zigaretten oder 250 g Tabak, 2 l Wein, Schaumwein, Spirituosen unter 22 % Alkohol oder 1 l über 22 % Alkohol, 50 ml Parfum oder 250 ml Eau de Toilette.

Anreise

Mit dem Flugzeug

Die meisten Inselbesucher reisen **pauschal** an, insbesondere in der Nebensaison sind diese Komplettpreise oft konkurrenzlos günstig. Wer spontan reist, kann mit Last-Minute-Angeboten viel Geld sparen (Suche im Internet lohnt sich!). Achten Sie bei Linienflügen unbedingt auf Ermäßigungen.

Charterflüge ohne Hotelbuchung, oft **Campingflüge** genannt, werden in allen Reisebüros angeboten. Da diese häufig über Monate ausgebucht sind, empfiehlt sich eine zeitige Buchung. **Air Berlin** (www.airberlin.com) z. B. fliegt Las Palmas mehrmals wöchentlich von 15 Städten in Deutschland sowie von Wien, Salzburg, Zürich und Basel direkt an. Hin- und Rückflug kosten je nach Saison 200–400 €. Kinder unter zwei Jahren zahlen 10 %, 2–11 Jahre 60 %. Jugendliche (12–21 Jahre) erhalten 20 % Ermäßigung. Pro Person sind bei einer Reise von über 28 Tagen 30 kg Gepäck frei. Zusätzlich darf man bei vorheriger Anmeldung Sportgeräte (Fahrräder, Surfbretter etc.) bis zu 30 kg mitnehmen. Weitere Gesellschaften, die Gran Canaria anfliegen, sind u. a. Condor (www.condor.de), TUIfly (www.tuifly.com), Easyjet (www.easyjet.com) und Ryanair (www.ryanair.com).

Wer nahe am Flughafen wohnt, der kann meist bereits am Vorabend einchecken, das spart Nerven am Abflugtag, vor allem bei Reisen mit Kindern!

Der **Aeropuerto de Gando** liegt im Osten zwischen Las Palmas und den Ferienzentren. Wer pauschal gebucht hat, wird vom Reiseveranstalter abgeholt. Ansonsten stehen **Taxis** zur Verfügung: nach Las Palmas 23 €, nach Playa del Inglés 21 €, Puerto Rico 53 €, Puerto de Mogán 72 €.

Fünf Gehminuten vom Flughafen liegt an der Schnellstraße die Haltestelle der **GLOBAL-Busse,** die zwischen 7 und 20 Uhr alle 10 Min. z. B. nach Las Palmas (nach rechts) und Maspalomas (nach links) fahren. Im Parterre des Airports haben zahlreiche lokale und internationale **Mietwagenfirmen** (u. a. Budget, Avis, Hertz) ihre Filialen. Es ist jedoch günstiger, einen Wagen in den Ferienzentren zu mieten.

Auf dem Landweg/per Fähre

Wer den Landweg bevorzugt, muss über Cádiz in Südspanien anreisen (ab Frankfurt ca. 2500 km). Informationen über die Anfahrt per Bus bei der **Deutschen Touring,** Am Römerhof 17, 60486 Frankfurt, Tel. 069/79 30-501, www.touring.de (Preise nach Málaga: um 148 € pro Strecke, Hin- und Rückfahrt: 244 €).

Ab Cádiz unterhält die spanische **Compañía Trasmediterránea** regelmäßige Fährverbindungen via Teneriffa nach Las Palmas (Anreisedauer rund zwei Tage). Informationen dazu unter www.trasmediterranea.es (auch in Deutsch) oder in einem Reisebüro.

Fährverbindungen zu den anderen Inseln bestehen ab Las Palmas (s. S. 69). Von Puerto de las Nieves legt eine Autofähre nach Santa Cruz de Tenerife ab (s. S. 84).

Geld

Landeswährung ist der **Euro** (€; 1 sFr = 0,66 €, 1 € = 1,51 sFr). **Kreditkarten:** VISA und Mastercard werden an allen wichtigen Stellen akzeptiert, American Express und Diners Club oft nur ungern oder gar nicht. Bargeld via Kreditkarte schlägt i. d. R. mit 4 % zu Buche, weit günstiger sind EC-Automaten.

Notfall

Notruf inselweit (Krankenwagen, Polizei, Feuerwehr): **Tel. 112**
Konsulate: Deutsches Konsulat, Calle Albareda 3, 35007 Las Palmas, Tel. 928 49 18 80, Fax 928 26 27 31.
Schweizer Konsulat, Calle Domingo Rivero 2/Av. Juan XXIII, 35004 Las Palmas, Tel. 928 29 34 50, Fax 928 29 00 70.
Österreichisches Konsulat, Av. de Gran Canaria 26 (Hotel Eugenia Victoria), 35100 Playa del Inglés, Tel. 928 76 25 00, Fax 928 76 22 60.

Telefonieren

Telefonkarten (*tarjetas telefónicas*) und Callback (z. B. t-card.de) haben ausgedient, seit die Billig-Telefonanbieter neue Münztelefone aufgestellt haben (z. B. in Bars und Spielhallen, Gespräche 10 ct/Min.) Bei Handys sollte man die heimische SIM-Karte gegen eine spanische (s. S. 17) austauschen. Anrufe sind damit kostenlos, Telefonate nach Mitteleuropa kosten ca. 2,4 ct/Min.

Wichtige Nummern: Auskunft national 004, international 025, Vorwahl Spanien 0034, D 0049, A 0043, CH 0041

Achtung: In Spanien gibt es keine Vorwahlnummern mehr, alle Nummern sind neunstellig, und auf Gran Canaria sind die ersten drei Ziffern ›928‹.

Post

Postämter: Mo–Fr 8.30–20, Sa 9.30–13 Uhr **Achtung:** In manchen Städten haben vor Supermärkten private Anbieter Postkästen aufgehängt, die nur eigenfrankierte Sendungen befördern – unbedingt die offiziellen, gelben Postkästen nutzen!

Öffnungszeiten

Offiziell sind Geschäfte Mo–Fr 8–13 und 16/17–20 Uhr, Sa 8–14 Uhr geöffnet, So u. Fei geschlossen. In den Touristenmeilen und Shopping-Center werden diese Zeiten häufig ignoriert: Mittagspausen gibt es nicht, abends ist bis 22 Uhr geöffnet.

Gesundheit

Die neue **Europäische Krankenversicherungskarte EHIC** ist noch zu unbekannt, als dass sie sinnvoll eingesetzt werden könnte. Am besten, man zahlt die Arztrechnungen bar oder mit EC-Karte und reicht sie zuhause seiner Kasse ein (inkl. Taxi- und Telefonkosten!). In jedem Fall empfehlenswert: Der Abschluss einer **Reisekrankenversicherung**, die alle Kosten übernimmt, bei denen sich die Krankenkasse schwer tut.

Apotheken erkennt man am grünen Kreuz auf weißem Untergrund, Mo–Fr 9–13 und 16.30–19 Uhr.

Deutschsprechende Ärzte und Kliniken:

Clínica Salus Las Palmeras: Avda. de Tenerife, 24 Centro Comercial Kasbah, Playa del Inglés, Tel. 928 762 992, www.gruposalus.com. Insgesamt gibt es acht Kliniken im touristischen Inselsüden.

Policlinica, Felipe Cácareres, Av. de Espana 13, Playa del Inglés, gegenüber YUMBO-Zentrum, Tel. 928 76 12 92.

Pertack Dental, Calle Placido Domingo 12 b, Bellavista, San Fernando, Tel. 928 77 64 31.

Frauenarzt (Naturheilkunde), Dr. med. Dirk Classen, Calle Thomas Edison 2, Maspalomas, (150 m von der Autobahnabfahrt El Tablero/Sonnenland), Tel. 928 14 02 34, Notfall: 629 02 28 79.

Inter Clinic, c/Sagasta, 62, Las Palmas, Tel. 928 27 88 26.

Reisen mit Handicap

Mittlerweile haben sich viele Hotels und Apartmentanlagen auf behinderte Reisende eingestellt. Infos über spezielle Reisemöglichkeiten erhält man in jedem Reisebüro. Die TUI hat ein Heft mit Angaben zu Hotels, Strand- und Promenadenzugängen herausgebracht.

Unterwegs auf Gran Canaria

Mit dem Bus

Ein dichtes Netz an Linien der Gesellschaft GLOBAL überzieht die gesamte Insel, auch die Ferienzentren sind untereinander verbunden. Damit man die Busse (kanarisch: *guaguas*) optimal nutzen kann, sollte man im Besitz der aktuellen

Fahrpläne sein, die man u. a. in den Fremdenverkehrsbüros in Las Palmas und Playa del Inglés abrufen kann. Online informiert www.globalsu.net, und klickt man den Menüpunkt ›Líneas y Horarios‹ an, kann man alle Fahrpläne abrufen und downloaden. Auch ein Routenplaner ist zu finden: einfach unter ›Origen‹ den Startpunkt, dann unter ›Destino‹ das Ziel eingeben und ›buscar‹ anklicken.

Mit dem Schiff

Die Fährschiffe der Lineas Salmon (www.lineasalmon.com) verbinden die Häfen im Südwesten (Arguineguín, Puerto Rico, Puerto de Mogán), nicht die schnellste Verbindung, aber eine schöne Möglichkeit, einen Ausflug abzurunden. Kosten: 6–11 €/ Strecke, Hin-/Rückfahrt 10–18 €.

Mit dem Taxi

Taxen sind weiß, freie Fahrzeuge erkennt man an dem grünen Licht auf dem Dach. Taxameter sind vorgeschrieben und werden auch eingeschaltet. Ungefähre Preise: von Playa del Inglés zum Flughafen 32 €, nach Puerto de Mogan 32 €, nach Las Palmas 55 €.

Mit Mietwagen/eigenem Auto

Die Straßen sind gut und Leihfahrzeuge recht preiswert. Unzählige Verleihfirmen bieten ihre Dienste an, ein Vergleich lohnt. In den Standardtarifen (18–45 €/Tag) ist meist keine Versicherung enthalten – eine im Unglücksfall sehr kostspielige Angelegenheit! Wer dies vermeiden will, sollte schon bei der Buchung zu Hause ein **Auto** mieten.

Als seriös und preiswert hat sich die Firma Baez im C.C. San Agustín, gegenüber vom Hotel Don Gregory (www.autosbaezcanarias.com, Tel. 928 76 45 58) erwiesen: freundlicher Umgangston, neuwertige Fahrzeuge, Komplett-Versicherung (Vollkasko/Insassen), freie Kilometer sowie Übernahme und Rückgabe der Fahrzeuge am Flughafen – und all das schon ab 19 €/Tag für einen Kleinwagen.

Auch Mopeds, Vespas und **Motorräder** kann man ausleihen. Einer der besten Anbieter ist Moto 4 Rent, Habitat Local 1, Tel. 928 77 33 31, (www.moto4rent.de) in Playa del Inglés, der die Fahrer kostenlos vom Hotel abholt bzw. Taxigeld bis 3 € erstattet. Alle Klassen zwischen 50 ccm-Roller und 650er Chopper, (zwischen 26 und 82 €/Tag, zwischen 127 und 459 € /Woche zzgl. Versicherung.)

Die **Verkehrsregeln** entsprechen den mitteleuropäischen. Empfindliche Strafen (etwa 2–4 x so hoch wie in Deutschland!) drohen Gurtmuffeln, Handynutzern ohne Freisprecheinrichtung und Parksündern an gelben Linien. Höchstgeschwindigkeiten: innerorts 40 km/h, Landstraße 90 km/h und auf der Autobahn 120 km/h, die Promille-Grenze liegt bei 0,5. Benzin kostet etwa 0,68 €/l, Tankstellen im Inselinneren sind rar.

Organisierte Touren und Führungen

Mehrere Veranstalter haben u. a. die klassische Inselumrundung (ca. 35 €), zu den malerischsten Dörfern (ca. 25 €), den schönsten Stauseen (ca. 35 €) und nach Las Palmas (ab 10 €) im Programm.

Zum Angebot gehören auch Bootsausflüge, ›Abstecher‹ nach Teneriffa (ca. 75 €) und Lanzarote (ca. 95 €) oder gar nach Marrakesch (ca. 250 €) oder Gambia (ca. 290 €). Gewarnt sei vor ›Seeräuberfahrten‹ (s. S. 17).

Orte vo

Sonne und Meer an den schönen Stränden genießen, in das quirlige Nachtleben von Playa del Inglés eintauchen, in den Restaurants der beschaulichen Hafenorte speisen, die hübschen Dörfer im Inselinnern inmitten herrlicher Landschaft entdecken und die Metropole Las Palmas mit der schönen Altstadt und herausragenden Sehenswürdigkeiten wie dem Museo Canario besuchen. Dieser Führer zur

n A bis Z

›Insel der Seligen‹ gibt Ihnen nützliche Tipps und ausgesuchte Adressen an die Hand, damit Ihr Urlaub zum Erlebnis wird! Und dem, der auf Gran Canaria Besonderes sehen möchte, seien die fünf Touren empfohlen. Gran Canaria in kompakter, überschaubarer Form, für den, der viel sehen und nichts verpassen will.

Agaete (C 2)

Weiß gekalkte Hauskuben mit hölzernen Balkonen schmiegen sich an einen sanft zum Meer abfallenden Hügel. Ihre Linien verschmolzen einst ungestört mit dem Atlantik. Bedauerlicherweise trübt diesen Blick nun die Umgehungsstraße, die – als Verlängerung der GC-2 – die Verkehrsanbindung von Puerto de las Nieves sicherstellt. Doch Agaete mit seinen 4800 Einwohnern profitiert davon: Wo sich früher werktags der Schwerlastverkehr durch die mehr als engen Gassen quälte, lässt es sich heute ungestört auf Entdeckungstour gehen. Rund um die Ortskirche und die zentrale Plaza trifft man die Alten des Dorfes beim Schwätzchen, Kinder spielen ungestört auf den Nebenstraßen. Beschaulichkeit wird zelebriert – und richtig lebhaft wird es nur am Samstagabend, nach der Messe, wenn das ganze Dorf auf den Beinen zu sein scheint.

Sehenswert

Huerto de las Flores: nur wenige Meter vom Kirchplatz, meist 9–14 Uhr. Viel mehr als ein ›Blumengarten‹: eine üppig wuchernde Grünanlage mit vielen Exotenpflanzen.

Sonntag ist **Markttag** – ein vorwiegend einheimisches Dorfspektakel mit nur geringer touristischer Prägung.

Feste & Unterhaltung

Bajada de la Rama: 4.–7. Aug., eine Riesen-Volksgaudi, nach dem Karneval in Las Palmas das ausgelassenste Fest auf Gran Canaria (s. S. 20).

Apartamentos El Angosto: Obispo Pildain 11, Tel./Fax 928 55 41 92, www.elangosto.eu, Apartment 40–62 €. Persönlich geführte Anlage in Gehweite vom Ort (vom nordöstlichen Kreisverkehr der Umgehungsstraße zweigt der Weg zum *cementerio* ab). Die zwölf Apartments sind schlicht eingerichtet. Von den Sonnenterrassen – eine direkt am Pool – genießt man fantastische Ausblicke auf die Küste. Seit 2004 unter deutscher Verwaltung, mit kleiner Cafeteria.

El Risco (B 3): In dem kleinen Dorf, ca. 5 km südlich von Agaete an der Küstenstraße GC-200 Richtung San Nicolás, werden ein paar Häuser vermietet. Die sehr ruhig gelegenen einfachen Katen (ca. 40 m^2), grob aus Stein errichte, weiß gekalkt, sind schlicht eingerichtet und haben eine kleine Terrasse mit Blick auf den Kakteenhain. Preise ab 225 €/Woche, Informationen (spanisch) in der Bar Perdomo unten an der Straße. Eines der schönsten Häuser ist das 150 Jahre alte »El Patio«, das komplett eingerichtet ist und einen Pool besitzt (ab 110 €/Tag). Auskunft erteilt Virginia de la Pena unter Tel. 928 88 61 61.

Ferienwohnung Miriam: Las Palmeras 20, La Suerte, Valle de Agaete, Tel. 616 95 88 36, www.ferienwohnungmiriam.com (zu buchen auch in Deutschland über Tel. 0234-325 00 27), Wohnung ab 40 €.
In einer meist von Ausländern bewohnten Feriensiedlung vermieten die deutschen Besitzer zwei gepflegte Ferienwohnungen, hell und nett eingerichtet, sowie ein zweigeschossiges Ferienhaus mit gutem Komfortstandard.

Casa Luna: C./Guayarmina, 42, Tel./Fax 928 55 44 81, www.ecoturismocanarias.com/grancanaria/luna, DZ ab 45 €.
In dem alten Stadthaus werden drei außergewöhnlich liebevoll restaurierte Zimmer angeboten, ein Patio sowie die Dachterrasse stehen allen Gästen zur

Agaete liegt malerisch am Hang

Verfügung. Das schönste Zimmer ist sicherlich das direkt an der Dachterrasse gelegene ›Atlantico‹, hier kann man die Tage gemütlich bei einem Glas Wein ausklingen lassen und in die Sterne schauen. Monica spricht deutsch und kümmert sich persönlich um das Wohl ihrer Gäste.

Morasol Agaete: Los Berrazales (am oberen Ende des 7 km langen Valle de Agaete), Tel. 928 89 80 09, www.morasolhoteles.es.

Das ehemalige Hotel Princesa Guayarmina wurde an die Morasol-Kette verkauft und zur Zeit der Recherchen komplett renoviert. Ab Winter 2009/Frühjahr 2010 soll es neu eröffnet werden. Für Wanderer (Ausgangspunkt für Touren in die Bergwelt rings um den Tamadaba) sowie Liebhaber alter Pracht wird dieses Haus dann mit seinen fantastischen Panoramen auf das sattgrüne Tal und das Meer ein herrliches, aber nicht mehr günstiges Fleckchen sein: um 100–120 € werden die DZ kosten.

Casa Pepe: Alcarde de Armas Galvan 5, parallel zur León y Castillo, Tel. 928 89 82 27, Do–Di.

Beliebtes Restaurant der Einheimischen, außergewöhnliche Salate und frischer Fisch aus Puerto de las Nieves, das Tagesmenü kostet 10 €.

Casa Romantica: Valle de Agaete, Tel. 928 89 80 84, tgl. ab 10 Uhr, Tagesmenü 18 €, à la carte um 25 €.

Finca-Restaurant auf dem Weg zum Hotel Princesa Guayarmina, das oft von Gruppen organisierter Busreisen angesteuert wird. Inmitten eines kleinen Exotenparks mit Papageien und Affen. Internationale Küche und Schweizer Spezialitäten, Veranda und Souvenirshop.

Busverbindungen u. a. mit Gáldar, Guía und Las Palmas sowie San Nicolás.

Fährverbindungen nach Santa Cruz de Tenerife mehrmals tgl. (60 Min., Infos: Tel. 902 10 01 07, www.fredolsen.es). Ein kostenloser Shuttle verbindet mit Las Palmas (Calle Luis Morote 4, dort jeweils 1 Std. vor Abfahrt der Fähre).

Highlight 1

Die Fahrt in das von hohen Felsen umschlossene **Valle de Agaete (G 2–3)** sollte niemand missen, der an schönen Natureindrücken interessiert ist. Das mit Blumen und subtropischen Obstbäumen bestandene Tal wird auch Oasis de Canariedad genannt. Vor allem nach einer regenreichen Saison beglückt ein sattgrünes, von zahllosen Farbtupfern akzentuiertes, malerisches Tal das Auge des Betrachters. Der turbulente Süden und Las Palmas scheinen Welten entfernt. Den meisten Canarios wie auch ausländischen Besuchern gilt diese Oase als das schönste und malerischste Tal der Insel.

Ziele in der Umgebung

Von Agaete bieten sich Abstecher in den Hafen **Puerto de las Nieves** (s. S. 82) sowie nach **Gáldar** an (s. S. 56).
Küstenstraße GC-200 (C 2/B 3): Für Freunde spektakulärer Küstenstraßen empfehlen sich ein paar Kilometer auf der GC-200 Richtung San Nicolás. Vor allem am späteren Nachmittag macht die tief stehende Sonne hinter den blauverwehten Weiten süchtig …

Highlight 2

Agüimes (G 6)

Die mit Türmchen und Kuppeln geschmückte, ein wenig an eine Moschee erinnernde Pfarrkirche überragt die Altstadt des 270 m hoch gelegenen Ortes. In den engen Gassen des Altstadtviertels *(casco historico)* kann man sich nach Andalusien oder Marokko versetzt fühlen. Ein Gang durch die restaurierten Winkel dieses ehemaligen Bischofssitzes ist überaus lohnend. Heute lebt der Ort vor allem von der Landwirtschaft und der Kakteenzucht, der Tourismus spielt eine untergeordnete Rolle.

Sehenswert

Iglesia de San Sebastián (geöffnet meist 10–12.30 Uhr): Die neoklassizistische Kirche an der Plaza del Rosario stammt aus dem Jahre 1796, Portalfassade und Türme sind aus dunklem Vulkangestein abgesetzt. Sehenswert sind vor allem die fein gemeißelten Heiligenfiguren des kanarischen Künstlers Luján Pérez, sowie ein Tabernakel aus dem 17. Jh.

Einkaufen

Do ist **Markt**tag – der Markt wird fast nur von Einheimischen frequentiert, daher sind die Preise viel interessanter als an der Costa Canaria.

Feste & Unterhaltung

Die **Karnevalsumzüge** von Agüimes sind inselweit bekannt und unbedingt sehenswert; der Beginn wird ab Ostersonntag zurückgerechnet (Feb./März).
Fiesta de la Virgen del Rosario: am 7. Okt., mit Ringkämpfen und vielen anderen Attraktionen.

Kinder

Parque de Cocodrilos:
5,5 km südwestlich von Agüimes an der GC-550 in Richtung Santa Lucía, Tel. 928 78 47 25, So–Fr 10–18 Uhr, letzter Einlass 17 Uhr, Eintritt 9,90 €, Kinder 6,90 €.
Erlebnispark der Familie Balser-García mit exotischen Tieren, Papageienshows (12, 14 Uhr), Krokodilshows (13, 15 Uhr), Artistenvorführungen und einem 3-D-Kino; vor allem bei Kindern beliebt ist die Fütterung der Tiere um 16 Uhr. Auch für das leibliche Wohl ist gesorgt: Ein Restaurant, eine Bar und eine Cafeteria sind angeschlossen.

Oficina de Turismo de Agüimes: Plaza de San Antón s/n, 35260 Agüimes, Tel. 928 12 41 83, Di–Fr 9.30–15, Sa, So 9–14 Uhr

Hotel Rural Casa de los Camellos: Progreso 12, Tel. 928 78 50 03, Fax 928 78 50 53, www.hecansa.com, DZ ab 63 €.
Zum Verband der Hotelfachschule gehörendes Kleinod mit zwölf individuell gestalteten Zimmern, teils mit separatem Wohnraum, ein großer Patio verbindet die Räumlichkeiten. Die Gemäuer dienten einst als Kamelstation, wovon einige Einrichtungsgegenstände sowie die lebensgroße Plastik in der Nebenstraße erzählen.

Camping Temisas: Temisas, Lomo de La Cruz, Tel. 928 79 81 49, temisasrural@terra.es, Zeltparzelle 4,20 €, pro Person 2 €, Auto 3 €.
Einer der beiden für Zelte geöffneten Campingplätze der Insel; sehr einfach, aber schöne, ruhige Lage.

Restaurant Villa de Agüimes: im gleichnamigen Hotel Rural, Di–So 13–16 und 20–22 Uhr, ab 12 €.
Experimentelle Küche und traditionell Kanarisches wie Ziege oder Fisch.

Bar La Juventud: Dorftreff am Kirchplatz, hinter der gelb-orangen Fassade geht's eher zünftig als gepflegt zu. Serviert werden viel Flüssiges und wenige einfache Gerichte bereits ab 7 €. Die **Tarteria** gegenüber lockt mit köstlichem Häagen-Dazs-Eis.

Tagoror: Barranco de Guayadeque (am Ende der Straße im Barranco), Tel. 928 17 20 13, tgl. 10–24 Uhr, um 22 €.
Schönstes einer Reihe von Höhlenrestaurants im Barranco, von der kleinen Terrasse genießt man den Blick zurück über die Schlucht. In rustikalem Ambiente wird gute kanarische Küche serviert; die abendlichen, sehr touristischen Folkloredarbietungen sind jedoch nicht jedermanns Geschmack …

Das **Auto** sollte man bei einer Besichtigung der engen Altstadt getrost stehen lassen, ein neu errichtetes Parkhaus hilft dabei.
Stündlich fahren **Busse** nach Las Palmas, Arinaga, Telde, Ingenio und Maspalomas.

Ziele in der Umgebung

Barranco de Guayadeque (G 6): beschildert; nicht per Bus erreichbar. Die bis zu 400 m tiefe Schlucht war schon in vorspanischer Zeit bevorzugtes Siedlungsgebiet, wie die vielen Höhlen und Höhlenwohnungen in der Umgebung beweisen. Nach Überqueren einer kleinen Brücke liegt linker Hand das moderne Gebäude des **Centro de Interpretación de Guayadeque** (ca. 3 km von Agüimes, Di–Sa 9–17, So 10–18 Uhr, Eintritt 2,50 €). Das leider trotz der festgelegten Öffnungszeiten oftmals geschlossene Infozentrum erzählt eindrucksvoll aus dem Leben der Höhlenbewohner. Am Wochenende ist von einem Besuch des Barranco eher abzuraten – dann nämlich bevölkern Hunderte lokaler Picknickfreunde den schmalen Boden der Schlucht.

Arguineguín (C 9)

Die älteste Siedlung an der Südküste hat ihre Wurzeln im 15. Jh. (kurz nach der spanischen Eroberung), auf historisch sehenswerte Gebäude muss das heutige Stadtbild dennoch verzichten. Arguineguín kommt äußerst modern und baulich schlicht daher, schmucklos bisweilen. Bereits bei der Anreise fällt die graue Zementfabrik unangenehm ins Auge, die Geschäftstätigkeit rund um die Küstenstraße ist sehr lebhaft und lässt Urlaubsstimmung bei Ruhesuchenden kaum aufkommen.

Automatisch drängt sich die Frage auf, wie dieser recht unscheinbare Ort zu seinen Touristen kommt. Am Hafen dann erklärt es sich von selbst: Hier legen die Schiffe der Lineas Salmon nach Puerto Rico und Puerto de Mogán ab und ermöglichen den Urlaubern der nahe gelegenen Costa Canaria erlebnisreiche Tages-Rundtouren. Im Zuge der täglich einströmenden Touristen haben sich einige gute Restaurants etabliert – und so kann man zudem gar prächtig Fisch essen und dabei das Treiben im Hafen beobachten.

Die großzügigen Ferienanlagen, die überwiegend im schmalen Nachbarort Patalavaca liegen, machen die Mängel des Ortes mehr als wett – und man vermisst auch hier umso weniger, je größer das Reisebudget bemessen ist.

Sport & Strände

Der Strand **Playa El Paral** liegt unmittelbar vor dem Zementwerk und bietet hellen, weichen Sand sowie zwei Fischbuden, bei denen sich die Zementarbeiter treffen. Liebhaber klassischer Idyllen weichen jedoch lieber nach Puerto Rico aus.

Hochseeangeltouren: Morgens kann man den Fischern zuschauen, die gerade in den Hafen einlaufen. Wer auf Spanisch seinen Wunsch ausdrücken kann, hat gute Chancen, auf einem Fischkutter mit hinausfahren zu können. Mehrere Skipper bieten ihre Dienste an.

Einkaufen

Auf dem bunten **Wochenmarkt** (Di 8–14 Uhr) kann man günstig einkaufen. Neben Fisch, Gemüse und Früchten wird auch Kunsthandwerk angeboten.

Im Hafen von Arguineguín kann man den Fischern bei der Arbeit zusehen

Feste & Unterhaltung

Am 16. Juli wird das Fest zu Ehren der **Nuestra Señora del Carmen,** der Schutzheiligen der Fischer, gefeiert, bei dem in einer Bootsprozession eine Statue der Jungfrau Maria von Mogán hierher gebracht wird.

Die Hotels und Apartmentanlagen sind zum großen Teil von Reiseveranstaltern belegt. Individuell zu buchen sind u. a.:

Pensión León: Calle Miguel Marrero 27, Tel. 616 30 33 81 (Kontakt auch über den kleinen Supermarkt nebenan).
Pension in Hafennähe mit 23 Zimmern ab 17 €, teils sehr einfach, jedoch sauber. Neuere Zimmer mit Bad 42 €.

Ecoturismus: Barranco de Arguineguín, El Sao 18, Tel. 928 73 56 88, Stellplatz für Zelte 3 €, Zimmer mit Bad ab 28 €, *Casas rurales* ab 45 €.
Malerisch im Barranco gelegenes Projekt des Ökotourismus mit kleinem Zeltplatz und versprengten Landhäuschen. Parkähnlich angelegter Platz ist und ermöglicht naturnahes Leben in seiner schönsten Form, angeschlossen ist ein Vollwert-Restaurant. Obwohl ursprünglich für die Inselbevölkerung gedacht, sind Touristen willkommen.

Aquamar: Patalavaca, Barranco de la Verga, Tel. 928 73 51 25, Fax 928 15 20 97, Apartment 95–160 €.
Schöne Anlage an einem Hang mit weiß getünchten Apartmenthäusern, zwei Pools mit Meeres- und Süßwasser und großem Palmengarten. Die Sicht aufs Meer ist fantastisch. Die großen Wohneinheiten sind gemütlich mit viel Holz und Spiegeln eingerichtet; die Badezimmer sind luxuriös, die Küchen perfekt ausgestattet. Bar, Disco, Restaurant (gutes Frühstücksbuffet) und ein kleines Businesscenter stehen zur Verfügung.

Dunas La Canaria: Tel. 928 15 04 00, Fax 928 15 10 03, www.hoteles dunas.com/de, DZ ab 195 €.
Das ehemalige Steigenberger-Haus gehört nun zur Dunas-Gruppe und verspricht mit 240 Zimmern und mehreren Suiten Luxus pur: weite, lichte Atmosphäre, großzügige Glasfronten zum Meer. Die Zimmer (alle mit Balkon und Meerblick) sind groß (40–103 m²) und mit Designerstücken möbliert. Das Sportangebot reicht von Tennis, Squash, Surfen, Wasserski, Parasailing über Big Game Fishing, Segeln sowie Tauchen und Reiten. Die etwa 2000 m² große Meerwasser-Pool-Landschaft mit kleinen Grotten und Palmeninseln sucht auf der Insel ihresgleichen.

Zahlreiche Restaurants am **Hafen** locken mit ihren Meeresfrüchte- und Fischspezialitäten. Die Preise sind sehr günstig, die Auswahl ist immens, die Zubereitung meist *a la plancha* (gegrillt). Im **Centro Recreativo** oberhalb des Hafens sorgen diverse Restaurants und ein öffentlicher Pool mit schönem Blick für eine lebendige Atmosphäre, empfehlenswert z. B.:
Los Pescaitos: im Centro Recreativo, Tel. 928 73 69 13.
Köstlicher Lachs für 19 € und kanarische Gerichte (Eintopf für 11 €). Die Terrassen liegen romantisch direkt oberhalb des Wassers.
Los Canarios: C/.Princesa Guyarmina 5 (am Kreisverkehr C. C. Ancora landeinwärts die erste Ausfahrt, dann erste Straße links), Tel. 928 15 06 67, Mi–Mo, ab 8 €.
Authentisches Insider-Lokal mit köstlicher kanarischer Küche, am Wochenende Treffpunkt der Einheimischen.
Bella Pasta: im Timeshare-Komplex Anfi del Mar, Tel. 928 15 00 22, Patalavaca, ab 10 €.
Edel-Italiener in gemütlichem Ambiente mit anständigen Preisen: Wenn Pizza oder Pasta endlich aus dem Ofen kommen, schmilzt man dahin. Reservieren!

Halbstündlich fahren **Busse** nach Puerto Rico, Playa del Inglés und Las Palmas, stündlich nach Puerto de Mogán.
Die **Boote** der Lineas Salmon legen bis zu 8 x tgl. nach Puerto Rico und Puerto de Mogán ab.

Arinaga (H 7)

Der schöne Strand dieses aufstrebenden Fischerortes mit 1500 Einwohnern wird bislang nahezu ausschließlich von Einheimischen besucht. Das Dorf, das ehemals durch seine Salinen zu Wohlstand kam, will in Zukunft am Tourismus partizipieren. Ein Fischereimuseum ist geplant, bis dahin muss sich der Besucher mit den zahlreichen guten Fischlokalen zufrieden geben ...

Sport & Strände

Die 400 m lange **Playa de Arinaga** erfreut sich vor allem bei Windsurfern großer Beliebtheit. Der Strand wird von einer netten kleinen Promenade begrenzt und durch eine Mole vor der Brandung geschützt. Der Strand ist feinsandig bis steinig, bietet aber denoch gute Bademöglichkeiten. Etwa 1 km nördlich (am Leuchtturm vorbei, dann nach unten abbiegen) liegt die halbkreisförmige **Playa del Carbón (H 6),** mit weichem Sand und wenig Publikum.

El Pulpo Loco: Calle Colón 54, Tel. 928 18 29 80, um 12 €.

Von außen unscheinbar, innen überraschend gemütlich: mit Bastmatten abgehängte Decke, dazu Wandmalereien, Rohrgeflechtstühle und -tische. Das Angebot: Paella, Pizza, Lachs-Champignon-Pfanne, Barsch in Weißwein und viele gute Salate.

La Farola: Alcalá Galiano 3 (an der Mole), Tel. 928 18 02 24, Fax 928 18 04 10, Di–So 13–18, 20–24 Uhr, ab 17 €.

Maritimer Speisetempel des inselweit bekannten Langustenspezialisten mit eigener Farm. Das Schmausen in blauweißem Ambiente ist nicht gerade billig, dafür ist aber alles ausgesprochen frisch.

Busverbindungen stündlich, nur mit Agüimes.

Highlight

Artenara (D 4)

Auf 1270 m Höhe gelegen, bildet Artenara (1500 Einwohner) den Gipfel der Bergdörfer von Gran Canaria. Sicher würde es in einem Wettbewerb auch den ersten Preis als schönstes Dorf der Insel gewinnen. Malerisch und einem Adlerhorst gleich klebt es hoch über Schwindel erregenden Abgründen am schroffen Fels. Der Blick in die Caldera de Tejeda, hinauf zu den markanten Felsfingern des Roque Nublo und Roque Bentaiga und bis nach Teneriffa wird jedem unvergesslich bleiben. Winzig schmale Gässchen winden sich steil hinauf und erst auf den zweiten Blick wird offenbar, dass es sich bei einem

Die Höhlenwohnungen bei Artenara spenden Schatten und Kühle

Teil der Häuser um Höhlenwohnungen handelt.

Sehenswert

Folgt man von der Ortsmitte dem Sträßchen gegenüber der Pfarrkirche bergauf, erreicht man bald die **Iglesia Santa María de la Cuevita.** Die in rötliches Vulkangestein gehauene Höh-lenkirche ist der Jungfrau der Höhlen geweiht. Die Statue im Kirchenraum soll aus Mallorca stammen und schon über 600 Jahre alt sein. Rings um die Kirche befinden sich Höhlenwohnungen, denen zum Großteil klassische Hausfassaden aus Putz oder gestrichenem Mauerwerk vorgebaut sind.

Oficina de Turismo de Artenara: Calle Párroco Domingo Báez 13, Tel. 35350 Artenara, Tel. 928 66 61 02, 8–15 Uhr

Pensión Municipal: Tel. 928 66 61 02.

Die Pension war zurzeit der Recherchen wegen Renovierung geschlossen. Bis zur Wiedereröffnung bleiben alternativ die zahlreichen Landhäuser sowie auch die fein herausgeputzten **Höhlenwohnungen** im Dorf sowie der Umgebung, die von den Turismo Rural-Agenturen (s. S. 23) vermittelt werden. Ab etwa 50 € kann man fündig werden, und uriger sowie naturnaher als hier kann man auf der Insel kaum wohnen. Toll gelegen ist Las Margaritas (Tel. 928 67 26 70) im Nachbarort Las Arvejas (D 3/4), hier kann man in aller Ungestörtheit die Natur der Bergwelt genießen.

Mesón La Silla: Tel. 928 66 61 08, Di–So 12.30–17.30 Uhr. Das berühmte Panoramarestaurant wechselt leider oft seine Pächter, manchmal ist es für Wochen geschlossen – so auch zurzeit der Recherchen, Wiedereröffnung voraussichtlich Winter 2009. Aber: Lage, Blick und der spektakuläre Zugang durch den Felsen lohnen allein die Anreise, hinter den großen Panoramascheiben sitzt man nur bei ausgeprägtem Schlechtwetter. Ansonsten sind die Holztische bis an die Brüstung der Aussichtsterrasse gerückt.

La Esquina: Calle Párroco Domingo Báez 1, im Dorf an der Aussichtsplattform, die zugleich als Terrasse dient, Tel. 928 66 63 81, Mo–Sa 12–17 Uhr, einfache Gerichte um 10 €.
Atmosphärisch nicht ganz so spektakulär wie La Silla, doch Blick und Kost sind durchaus vergleichbar.

Nach Las Palmas mehrmals tgl. per **Bus**. Zudem existiert im Sommer eine Verbindung zum Kiefernwald von Tamadaba.

Ziele in der Umgebung

Richtung Westen findet man den Kiefernwald **Pinar de Tamadaba (C 3),** gerade an drückenden Tagen ist die würzige Erholung spürbar, die der Wald seinen Wanderern schenkt. Die Anfahrt, hin und zurück ca. 30 km, lohnt wegen der wunderbaren Ausblicke hinunter auf die Westküste und bis nach Teneriffa. Eine Ringstraße führt durch den Wald.

Nach ca. 6 km über die ›Hauptstraße‹ Richtung Teror ist die **Caldera Pinos de Gáldar (D 3)** erreicht, ein tiefer Vulkankrater, in den man von einer Aussichtsplattform einen herrlichen Blick werfen kann (s. Tour 4, S. 115). Richtung Norden kann man den Küstenstreifen bis nach Las Palmas sehen; im Westen thront in der Ferne der höchste Berg der Kanarischen Inseln, der Pico del Teide auf Teneriffa.

An der serpentinenreichen Straße nach San Nicolas liegt **Acusa (C 4),** eine in den steilen Fels gebaute Höhlensiedlung unterhalb der fruchtbaren Hochebene Vega de Acusa. Ein Wanderweg führt um den gleichnamigen Tafelberg herum, eine Höhlenbar sorgt für Erfrischung.

Arucas (F 2)

Die drittgrößte Stadt der Insel (28 000 Einwohner) und einst Mittelpunkt großer Zuckerrohrpflanzungen ist heute Zentrum des Bananenanbaus. Diesen Monokulturen verdankt Arucas seinen Wohlstand, zugleich aber auch die weit gehende Baumlosigkeit seines Umlandes. Seit der Bananenexport stark rückläufig ist, geht das Gespenst der Armut um – besonders spürbar in der Peripherie. Im Ortskern rings um die zentrale Plaza erhebt sich die monumentale Pfarrkirche, die eher wie eine Kathedrale anmutet.

Die meisten Touristen landen hier im Rahmen eines Zwischenstopps auf ihrer pauschalen Inseltour, man entdeckt gemeinsam den Aussichtsberg sowie danach die örtliche Rumfabrik. Individuell Reisenden sei ein Bummel durch die Gassen empfohlen, in denen alte Patrizierhäuser an den einstigen Wohlstand erinnern.

Im Sommer verkehrt gelegentlich ein **Mini Tren,** der die Sehenswürdigkeiten verbindet.

Traumstraßen

Wer jemals mit dem Auto Gran Canaria erkundet hat, ist überrascht, mit welcher Fantasie Straßenbauer ihre Ziele erreicht haben. Die Landschaftsformen sind derart vielfältig, dass selbst nach Tagen im Auto der Blick aus den Fenstern nicht langweilig wird. Einige Traumstraßen:

San Fernando – Fataga – San Bartolomé (E 8–E 5): Schnelles Glück auf der GC-60, bereits nach wenigen Kilometern offenbart sich schönstes Bergland.

Mogán – Ayacata (B 6–D 5): Nördlich von Mogán rechts in die Berge, zunächst als Piste, dann ausgebaut durch lichte Kiefernwälder, an Stauseen vorbei.

Soria – GC-605 (Cruz de San Antonio) (C 6–C 5): Ab dem Weiler Soria zunächst noch asphaltiert, dann ab der unteren Kurve Schotterpiste, Allradfahrern oder Crossbikern offenbart sich Gran Canarias wilde Seite, mit einsamen Bergkehren und verträumten Hochplateaus mit schattenspendenden Riesenbäumen.

San Nicolás – Artenara (A 4–D 4): Durchgängig asphaltierte, wenn auch schmale Straße, vorbei an schwindelerregenden Abgründen und glitzernden Stauseen (nach der Regenzeit!)

Agaete – San Nicolás (C 2–A 4): Kalifornien pur auf der GC-200 – vor allem gegen Nachmittag, wenn die tief stehende Sonne die Küstenhochstraße in weiches Licht taucht.

Fontanales – Caldera Pinos de Gáldar (D 3): Aus der Lieblichkeit des Alpenvorlandes hinauf zu Wildblumen und Bergkiefern. Sanfte Hügel und weite Blicke bis hin nach Teneriffa begleiten den Ausflügler zum Ur-Vulkankrater.

Iglesia San Bautista

Vier Türme flankieren die Iglesia San Juan Bautista (1909–17) in Arucas, die wie ein Monument aus dem Mittelalter anmutet. In ihrer Mischung aus urgewaltiger Größe und märchenhafter, neugotischer Verspieltheit erinnert sie an Gaudís La Sagrada Familia in Barcelona – und dies nicht zufällig, denn kein Geringerer als der Katalane Juan Vega March, ein Schüler Gaudís, zeichnete für den Entwurf verantwortlich.

Sehenswert

An der zentralen Plaza lohnt ein Besuch des **Parque Municipal** (Stadtpark) mit einer Vielzahl exotischer Pflanzen.

Am Ortsausgang in Richtung Bañaderos (C813) kann man die Produktionsanlagen und das Museum der Rumfabrik **Destilería Arehucas** im Rahmen von Führungen besichtigen (www.arehucas.es, Mo–Fr 9.30–13 Uhr). Am Ende des Rundgangs steht ein Besuch der Bodega an, wo man Rum und diverse Liköre kosten und erwerben kann.

Von der 412 m hohen **Montaña de Arucas** aus, erreichbar über eine an der Iglesia San Juan Bautista abzweigende Straße (ausgeschildert), genießt man einen ausgezeichneten Rundblick über diesen Inselteil, der ganz von riesigen Bananenplantagen geprägt ist; auf der Höhe des Aschekegels liegt das Panoramarestaurant Mesón de la Montaña (s. Restaurants).

Feste & Unterhaltung

Im Juni wird, ähnlich wie in Las Palmas, der Feiertag **Corpus Cristi** (Fronleichnam) begangen, bei dem Straßenteppiche aus Blumen den farbenprächtigen Boden für die feierliche Prozession bilden.

Oficina de Turismo de Arucas: Plaza de la Constitución 2, 35400 Arucas, Tel. 928 62 31 36, www.arucasturismo.com.

La Hacienda del Buen Suceso: Tel. 928 62 29 45, Fax 928 62 29 42, www.haciendabuensuceso.com, DZ ab 110 €. Authentisch restaurierte Finca inmitten von Bananenplantagen, 18 Zimmer, teils mit Himmelbett, netter Pool, Restaurant angeschlossen. *Der* Tipp in diesem Teil der Insel, zu erreichen über die Straße 813 nach Banaderos, etwa 3 km hinter der Destilería links ab.

Bar El Gótico: Calle Párraco Cárdenes 1.
Das Café im Schatten der massiven Kirche bietet Torten, Snacks und Erfrischungen an. Falls geschlossen, liegt schräg gegenüber das Café el Parque.
Mesón de la Montaña: Montaña de Arucas, Tel. 928 60 08 44, www.mesonarucas.es, tgl. 12–24 Uhr. Das Panorama kann man zu internationaler, spanisch angehauchter Küche genießen. Neben Wild (z. B. Rehrücken) auch gute Fleischgerichte (Rinderfiletmedaillons in Mangosauce für 14 €). Das Tagesmenü (Suppe oder Salat, Cordon Bleu, Kuchen und Kaffee) bietet für 11,50 € einen sehr guten Gegenwert.

Busverbindungen nach Las Palmas.

Atalaya (F 4)

Der auf den ersten Blick unscheinbare Ort ist als Zentrum der traditionellen

Töpferkunst bekannt. Die Töpferei *(alfarería)* ist die mit Abstand älteste Volkskunsttradition Gran Canarias. Manche Töpfer arbeiten noch wie ihre Vorfahren: Sie modellieren den Ton ohne Töpferscheibe und brennen ihn über offenem Feuer. Der Ort entpuppt sich beim näheren Hinsehen als ein idyllisches Dörfchen, wo sich blumengeschmückte Gassen und Stiegen, Treppchen und Fußwege um weiß getünchte Häuser winden – ideal für einen Bummel.

Einkaufen

Früher konnte man in dem Höhlendorf Atalaya den Meistern in zahlreichen Töpfereiwerkstätten bei der Arbeit zuschauen (insbesondere oberhalb der Treppenflucht hinter dem Dorfplatz). Heute konzentriert sich die Töpferkultur auf das **Casa Alfar Panchito** (Camino de la Picota 11) – ein Kunstgewerbemuseum, das zugleich Produktionsstätte und Marktplatz für die hochwertigen Traditionsprodukte der altkanarischen Volkskunst ist.

Busverbindungen nur mit Santa Brígida.

Ayacata (D 5)

Ayacata mit seinen 90 Einwohnern ist ein malerischer, winziger Weiler zwischen steilen, schroffen und haushohen Felsblöcken oberhalb des Barranco de Soría. Touristen und Canarios schätzen seine malerische Lage nahe dem Roque Nublo, der als Monolith die ganze Landschaft dominiert.

An der Durchgangsstraße laden mehrere Restaurants zur Rast ein. Am gemütlichsten sitzt man in der Kurve **(Casa Melo)**. Hier wird ländliches Ambiente gepflegt; die Gerichte – u. a. Serrano-Schinken mit Ziegenkäse auf köstlichem Brot – sind deftig und typisch kanarisch.

Busse nach/von Maspalomas; die Linie bedient So im weiteren Verlauf Cruz de Tejeda.

Highlight 4

Der 1803 m hohe **Roque Nublo** (›Wolkenfels‹) prägt die umliegende Berglandschaft, die Wanderung zu dem markanten Monolithen ist ein besonderes Erlebnis (s. Tour 5, S. 116).

Ziele in der Umgebung

Man muss einfach einmal die **Straßen** von hier aus **Richtung Tejeda** (12 km) und **Richtung Mogán** (22 km, s. Tour 3, S. 112) befahren haben: Die Ausblicke sind schlicht umwerfend, die Landschaften mal lieblich, mal karg bis wüstenhaft.

Auch eine Fahrt zum 1949 m hohen **Pico de las Nieves** (E 5, 9 km, s. Tour 3, S. 112) gehört zum Pflichtprogramm: Vom höchsten Inselberg schweift der Blick ringsum ins Grenzenlose, überspannt die ganze Insel und reicht bei gutem Wetter im Westen bis Teneriffa, im Osten bis Fuerteventura.

Highlight 5

Caldera de Bandama (G 3)

Eine Straße führt spiralförmig zum 570 m hohen Vulkankegel Pico de Bandama hinauf. Überwältigend ist auch hier wieder einmal die Fernsicht bis nach Las Palmas und Schwindel erregend der Blick in den 200 m tiefen Einsturzkrater der Caldera de Bandama. Im Rahmen einer Tour kann man den landwirtschaftlich genutzten Krater mit ca. 1 km Durchmesser umwandern oder hinabsteigen. Je Weg sollte man ca. 1 Std. Marsch einplanen.

Sport

Golf: Real Club de Golf de Las Palmas, Tel. 928 35 01 04, Nicht-Mitglieder nur Mo–Fr 8–13 Uhr, 45 €.
Der wohl am schönsten gelegene Platz der Insel offenbart berückende Panoramen am Rande der Caldera. 18 Loch auf 5680 m, Par 72, Greens aus Spezialrasen, Hotelgäste haben Platzrecht.

Hotel Golf Bandama: Santa Brígida, Carretera Bandama, Tel. 928 35 15 38, Fax 928 35 08 73, www.vikhotels.com, DZ ab 98 €.
Von dem Weg zum Pico de Bandama führt eine kleine Straße zum Golfhotel, das mit 25 Zimmern zu den kleineren Vertretern der gehobenen Inselhotellerie zählt. Wer hier wohnt, der spielt Golf! Das 2008 komplett renovierte und unter neuer Leitung stehende Hotel bietet 3-Sterne-Komfort in einzigartiger Umgebung: Weite grüne Hügelwellen rollen sanft hinab, auf der Rückseite liegt der urgewaltige Vulkankrater. Hausgäste können auch Pool und Tennis spielen. Weitere Unterkünfte findet man im nahen Santa Brígida (s. S. 96).

Mit dem **Pkw** auf der Autobahn GC-4 bis zum Ende, dann am Kreisverkehr der GC-802 hügelabwärts folgen. **Busse** fahren auf dem Weg nach Santa Brígida nur bis zum Kreisverkehr, von dort geht es **zu Fuß** auf einem landschaftlich schönen Marsch entlang der Nebenstraße (etwa 8 km, ca.1,5 Std.) zur Caldera de Bandama.

Castillo del Romeral (G 8)

Bis heute ist Castillo del Romeral ein verschlafenes Nest mit kaum romantischer Ausstrahlung. Kleine Häuser ducken sich entlang der Mole, ein schmuckloses Meerwasserschwimmbad bietet Wasserspaß für die Kleinen, zwei Fischlokale versorgen die Einheimischen – so richtig scheint keiner damit zu rechnen, dass Touristen hierher finden könnten.

Doch sie werden kommen. Es ist nur eine Frage der Zeit, bis sich die Costa Canaria bis hierher ausdehnen und Castillo eingemeinden wird. Bis dahin bleibt die unverfälschte, wenn auch schlichte Ausstrahlung erhalten.

Stündliche Anbindung an die **Buslinie** Maspalomas–Las Palmas.

Highlight 6

Cenobio de Valerón (D 1)

Der Besuch der legendären Kultstätte der Altkanarier, Cenobio de Valerón, etwas außerhalb von Guía, ist fast schon ein Muss. Die wabenartige Anlage aus über 300 Höhlen gilt als das bekannteste Bauwerk der Insel aus vorspanischer Zeit und soll ein kollektiver Vorratsspeicher gewesen sein (www.cenobiodevaleron.com, Okt.–März Di–So 10–17, sonst Di–So 10–18 Uhr, 2,50 €).

Am Ticketschalter erhältliche Broschüren informieren über die Geschichte dieses Zeitzeugen, und steil geht es über Treppen zu den Höhlen hinauf. Unterwegs laden Nischen zum Verschnaufen und zum Genießen des Panoramas ein, und um den Besuch der Anlage auch didaktisch interessant zu gestalten, wurden im Verlauf des Rundwegs eine Reihe von Informationstafeln angebracht, die Wissenswertes zur Geschichte, zu Flora und Fauna sowie zu Landschaft und Geologie der unmittelbaren Umgebung vermitteln. Zum Schluss lohnt auch der angeschlossene Souvenirladen einen Besuch, wo es u. a. leckere Süßspeisen aus Santa María de Guía (s. S. 96) sowie auch *gofio* (s. S. 26) zu kaufen gibt.

Die Anfahrt per **Pkw** erfolgt ab Santa María de Guía über die Straße Richtung Las Palmas. Bei der Beschilderung ›Cuesta de Silva‹ biegt man rechts ab und fährt auf einer panoramareichen Strecke direkt zu einem kleinen Parkplatz unterhalb steiler Treppen, die zu dem spektakulären Höhlensystem führen.

Cruz de Tejeda (D 4)

Ein steinernes Kreuz markiert den mit 1520 m höchsten Pass der Insel. Wer hier einmal stand und den Blick zu den beeindruckenden Erhebungen Roque Nublo und Roque Bentaiga schweifen ließ, kann verstehen, wieso der Schriftsteller Miguel de Unamuno die umliegende Gebirgslandschaft mit feinem Sprachgefühl als ein ›steinernes Gewitter‹ bezeichnete.

Einkaufen

Die **FEDAC** (Gesellschaft zur Förderung des kanarischen Kunsthandwerks) hat neben dem Parador einen kleinen Laden, in dem Kunsthandwerk angeboten wird. Ansonsten gibt es in den zahlreichen Holzbuden Kitsch und Kunstwerk einträchtig nebeneinander, die aktiven Verkaufsmethoden gehen zuweilen auf die Nerven.

Über den Wolken: Am Cruz de Tejeda

An der GC-150, ca. 2,5 km Richtung Pico de las Nieves, liegt das Informations- und Besucherzentrum **Centro de Interpretación Degollada de Becerra,** mit einer umfassenden Ausstellung zur Region: Geologie, Flora, Fauna, Landwirtschaft und Handwerk. Große Terrassen mit Bergpanorama, eine kleine Cafeteria ist angeschlossen. Tgl. 10–17 Uhr, 2,50 €.

El Refugio: Tel. 928 66 65 13, Fax 928 66 65 20, www.hotelruralrefugio.com, DZ 65 €.
Gleichnamiges Hotel wie das Restaurant (s. u.), das zehn komfortable Zimmer mit hübschem Holzmobiliar bietet und in dem der Gast verwöhnt wird. Ein Pool im lauschigen Garten sorgt für Abkühlung. Auch hierher sind EU-Gelder zum Ausbau des Turismo Rural geflossen. Nette Atmosphäre – vor allem dann, wenn der Tagesrummel abgeebbt ist.
Parador Cruz de Tejeda: Tel. 928 01 25 00, Fax 928 01 25 01, www.parador.es, DZ ab 135 €, junge Leute bis 35 Jahren zahlen ab 112 €, ›Goldies‹ (ab 55 Jahre) 115 €.
Nach jahrelanger Renovierung 2008 neu eröffneter Viersterne-Parador, der das Herz eines jeden Komfortreisenden höher schlagen lässt! Die Zimmer, nach historischen Skizzen möbliert, strahlen mit Pastelltönen und dunklem Holz Eleganz und Behaglichkeit aus, der Bergblick ist fantastisch, das Restaurant serviert in ›neokanarischem‹ Ambiente erlesene kanarische Spezialitäten, und wer sich einmal im edlen Spa-Gewölbe des Hauses der Entspannung hingegeben hat, wird immer wiederkommen. – Für die Autoren das Nonplusultra im Bergland der Insel!

El Refugio: tgl. 12–22 Uhr. Das Restaurant wartet sowohl mit Touristenmenüs als auch mit schmackhaften Spezialitäten auf.

Per **Bus** tgl. nach Las Palmas, So via Ayacata nach Maspalomas.

Fataga (E 6)

Mandel- und Aprikosenbäume nebst exotisch anmutenden Palmenhainen bilden den malerischen Rahmen dieses 400-Seelen-Dorfes, das oberhalb der halbwüstenhaften Schlucht des gleichnamigen Barranco liegt. Über eine serpentinenreiche Straße erreicht man Fataga, das auf einem Bergsporn thront. Der schöne Ort wartet mit verwinkelten Gässchen, weiß gekalkten Häusern und wunderbaren Ausblicken auf. Das sehenswerte Freilichtmuseum El Mundo Aborigen (s. Tipp-Kasten S. 55) liegt südlich des Dorfes.

Sport

Fataga ist Ausgangspunkt von **Kamelsafaris,** Touren ins gebirgige Umland organisiert u. a. das Hotel Cercado de Fataga.
Eine relativ leichte **Wanderung** von rund 20 km Länge (ca. 5 Std.) sei jedem Freund fantastischer Landschaften empfohlen. Zwischen Fataga und El Mundo Aborigen zweigt nördlich des Weilers Arteara eine Schotterpiste nach Westen ab. Der (bedingt auch fahrzeugtaugliche) Weg führt via Ayagaures durch eine eindrucksvolle Halbwüsten-Felslandschaft zum Palmitos Park (s. S. 70), von dort besteht Busanschluss zu den Ferienzentren des Südens.

Feste & Unterhaltung

Ende April wird das **Aprikosenblütenfest** gefeiert.

Complejo Rural Molino de Agua de Fataga: Ctra de Fataga s/n Km 25, Tel. 928 17 23 03, DZ 57–65 € (je nach Saison).
Rund 1000 Palmen sollen es sein, die das idyllisch gelegene Landhotel auf 700 Höhenmetern umgeben. Es liegt dabei recht zentral nahe der Costa Canaria. Auf dem Terrain finden sich die einzige Wassermühle in Gran Canarias Süden sowie ein kleiner Swimmingpool. Die 20 Zimmer mit hübschen Holzdetails sind außerordentlich gemütlich, das Panorama ist fantastisch und das Restaurant (s. u.) bietet Schlemmerfreuden.

El Albaricoque: Calle Nestor Álamo 4–6, etwas unterhalb der Galeria Bar Fataga (s. u.).
Bar/Restaurant oder eher ein Imbiss, Hamburger und Lasagne für 5,50 €. Terrasse mit schönem Blick, vorne in der Bar kann es schon mal lauter zugehen.
Restaurante Molino del Agua de Fataga: am Hotel Complejo Rural Molino de Agua de Fataga (s. o.).
Das Restaurant erinnert an eine urige Waldkneipe: rustikales Ambiente unter Bananenblattdächern und köstliche Speisen der spanischen und internationalen Küche (Tipp: die saftigen Riesensteaks). Man kann auch draußen sitzen, auf Stühlen und an Tischen, die aus Baumstümpfen gefertigt sind. Sonntags ist meist kaum ein Platz zu bekommen, da gibt es Spanferkel zu 16 €.

Tgl. **Busse** nach Maspalomas und San Bartolomé.

Firgas (E 2)

Nur wenige Touristen kommen ins stille Firgas – den Namen kennen jedoch die meisten aus dem Restaurant: Fast immer und überall kühlt Aqua de Firgas die Kehlen. Die beiden **Quellen** in den grünen Barrancos de Azuaje/de Firgas haben den Ort berühmt gemacht – und so ist auch Wasser das bestimmende Element des Ortsbildes. Ein Springbrunnen ziert den kleinen Kreisverkehr, darüber beginnt der Paseo de Gran Canario. Breite Stufen, führen bergan, in der Mitte verläuft ein künstlicher Bach und erfrischt die Besucher. Oben gelangt man zur zentralen Plaza, die sich hinter der Kirche San Roque zur Aussichtsplattform ausweitet. Ein kleiner achteckiger Snackpavillon versorgt Einheimische und Besucher mit allerlei Leckereien zum Panorama.

El Mundo Aborigen

Das Freilichtmuseum, in wunderschöner Lage im Parque Natural de Ayagaures, lädt zu einer ›Reise zum Ursprung der Altkanarier‹ ein und wurde von der kanarischen Regierung zu einer ›Stätte von besonderem kulturellen, sozialen und touristischen Wert‹ erklärt. Ein ganzes Dorf aus alten Tagen ist nachgebildet, mehr als 100 Figuren setzen die magisch-religiöse Welt, die Landwirtschaft, Begräbnisbräuche und Wohnkultur der Altkanarier in Szene. Ein kleines archäologisches Museum, Shows und Vorführungen altkanarischer Sportarten sowie ein Restaurant runden das Programm ab (El Mundo Aborigen, E 7, Carretera Maspalomas, ca. 6 km südlich von Fataga, 9–18 Uhr, Tel. 928 17 22 95, Eintritt 10 €, Kinder frei).

Feste & Unterhaltung

Zu Ehren des Ortsheiligen San Roque findet an den Festtagen um den 16. Aug. ein großer **Viehmarkt** statt.

Oficina de Turismo de Firgas: Calle El Molino 12 , 35430 Firgas, Tel. 928 61 67 47

Per **Bus** mehrfach tgl. nach Arucas und nach Las Palmas.

Fontanales (D 3)

Ein Besuch des verträumten Bergdorfes (450 Einwohner) gleicht einem Ausflug in eine andere Welt. Keine andere Region der Insel ähnelt diesem Landstrich, der bestimmt wird von runden Hügelkuppen mit sattgrünen Flanken und vereinzelten Gehöften, die sich harmonisch in die Landschaft fügen und Assoziationen mit dem Allgäu wecken.

›Touristisch entdeckt‹ wurde Fontanales Ende der 1980er Jahre durch die Briten Jean Barden und John Roberts, die hierher kamen, sich in die romantische Abgeschiedenheit verliebten und einen Bauernhof zu Bed and Breakfast mit einem umfassenden Angebot umbauten. Das Konzept ging auf, von der Wandertour bis zum Töpfer- oder Malkurs reichte das Angebot – und lange Jahre galt die Region als Geheimtipp der ›alternativen Reisenden‹, lange bevor das EU-Projekt Turismo Rural geboren wurde. Die beiden Entdecker haben sich längst zurückgezogen, ihr Gehöft wurde unter dem Namen Hotel Rural El Cortijo de las Hoyas noch einige Jahre weitergeführt und 2005 unter dem Namen Los Nardos wiedereröffnet.

Finca Casa Nanita: Carretera General km 17 (2–3 km südlich von Fontanales), La Jurada 8, Tel. 928 61 20 58, Fax 928 61 21 56, www.cortijo-losnardos.com.
Auf der über 20 000 m² großen Finca werden drei stilvolle Wohnungen vermietet, Terrasse, Pool und Grill stehen allen Gästen zur Verfügung. Die Wohnungen bieten Platz für 3–6 Personen und kosten ab 78 € pro Nacht, Abholung vom Flugplatz sowie Beschaffung von Leihwagen möglich.
Hotel Rural Los Nardos: Cortijo hoyas Cavadero 5, DZ ab 110 €.
Idylle pur – ein Aufenthalt in dem schön restaurierten Landhaus oberhalb des Ortes verspricht Ruhe und Erholung. Die 9 Zimmer sind unterschiedlich hergerichtet, ungewöhnlich schön ist die Nummer 6, mit aufwändigem Bad, schöner Holzdecke und 2 Dachterrassen mit Blick ins grüne Tal. Nette Betreuung, Fahrräder können gemietet werden.

Zwei Lokale gibt es im Dorf, das **Fontanales** (Casa Pepe Juan) ist eher Bar und für die Zufuhr von Flüssigem geeignet. Essen kann man besser im **Sibora** (Tel. 928 62 04 24), kleine Köstlichkeiten ab 7 €. Außerhalb des Dorfes lockt dazu noch das Restaurant im Hotel **Rural Los Nardos**.

Per **Bus** tgl. nach Gáldar sowie über Moya nach Las Palmas.

Gáldar (C/D 1)

Nur 10 km trennen das Valle de Agaete von Gáldar, doch liegen Welten zwischen dem romantischen Tal und der Stadt in der nordwestlichen Ecke der Insel: keine subtropische Blumenpracht mehr, keine malerischen Hauskuben, sondern graubraunes Land, das in das fahle Grau des bizarr wirkenden Aschekegels **Pico de Gáldar** übergeht. Grünstreifen, in graue Mauern gefasst, durchziehen die Landschaft. Sie entpuppen sich als Bananenpflanzungen, von denen der Ort eine Zeit lang recht gut lebte. Heute müssen die Bewohner mit hoher Arbeitslosigkeit und spürbarer Armut leben. Der ehemalige Sitz der Könige des nordwestlichen Teils der Insel wartet in der Altstadt mit einigen Sehenswürdigkeiten auf.

Sehenswert

Die **Iglesia de Santiago de los Caballeros** an der Plaza de Santiago in der Altstadt wurde im späten 18. Jh. errichtet (Di–So 10.30–13 Uhr). Sie wurde berühmt durch die Pila Verde, ein Taufbecken aus grünlichem Stein, das aus Andalusien stammen soll und an dem, so die Legende, einst die ersten Ureinwohner der Insel getauft wurden.

An der Plaza bei der Kirche ist im Patio des Rathauses (Mo–Sa 10–14 Uhr) der älteste **Drachenbaum** *(drago)* der Insel zu bewundern: Wie es heißt, wurde er im Jahre 1719 gepflanzt.

Vom Kirchplatz aus ist es über die Calle Audiencia nur ein kurzes Wegstück zur **Cueva Pintada** (›Bemalte Höhle‹), in der über 2000 Jahre alte Wandmalereien mit mehrfarbigen geometrischen Mustern zu bewundern sind. Nach mehrjährigen Restaurierungsarbeiten ist die Höhle wieder geöffnet (Di–Sa 9.30–20, So 11–20 Uhr, Eintritt 6 €, deutschsprachige Führungen ab 16 Uhr, www.cuevapintada.com).

Einkaufen

In Gáldar sind noch einige Korbflechter zu Hause, an der Haupteinkaufsstraße Calle Capitán Queseda finden sich mehrere Läden mit **Korbwaren**.

In der gleichen Straße ist Mo–Sa 8–14 Uhr **Markt** mit Lebensmitteln jeder Art zu günstigen Preisen. Ein delikates Mitbringsel ist der *queso de flor* (›Blumenkäse‹) aus Santa María de Guía.

An jedem ersten So im Monat, 9–14 Uhr, findet auf dem Platz vor der Kirche ein **Kunsthandwerksmarkt** statt.

Feste & Unterhaltung

Am 16. Juli wird in Gáldar und in vielen Hafenorten das Fest der Schutzheiligen der Fischer, **Nuestra Señora del Carmen,** mit farbenfrohen Schiffsprozessionen gefeiert.
Die **Fiesta de Santiago**, Fest und Wallfahrt zu Ehren von Jakobus, wird am 25. Juli mit Umzügen und Ringkämpfen begangen.

Kinder

Reptilandia (C 2): ca. 5 km von Gáldar Richtung Agaete, Winter tgl. 11–17, Sommer 11–19 Uhr.
Allerlei Kriech- und Krabbelgetier aus der ganzen Welt – u .a. Riesenschlangen und -Krokodile, aber auch Spinnen und Skorpione – kreucht und fleucht in diesem ›Reptilienpark‹.

Oficina de Turismo de Gáldar: Plaza de Santiago 1, 35460 Gáldar, Tel. 928 89 58 55

Hotel Hacienda de Anzo: Vega de Anzo, Tel. 928 55 16 55, Fax 928 55 12 44, www.hacienda deanzo.com, DZ 68–90 €.
An einer Bergflanke gelegenes Landhaus auf 15 000 m² mit acht Zimmern, großem Garten, Pool und Restaurant. Die Zimmer haben teils Balkone. Der Blick über das Tal ist zwar nicht frei von Beton, dafür aber liegt am Horizont das Meer. Anfahrt: In Santa Mariá de Guía an der Jugendherberge vorbei, der Stra-

Ingenio ist bekannt für kunstvolle Hohlsaumstickereien

ße bergauf folgen, nach 2 km im Dorf Anzo an der Kirche rechts die steile Straße herunter, dann links.

Stündlich bestehen **Busverbindungen** nach Las Palmas und Agaete, mehrmals am Tag nach San Nicolás.

Ziele in der Umgebung

Gáldar bietet sich als Ausgangspunkt für den Besuch einiger Sehenswürdigkeiten der Umgebung an, z. B. **Agaete** (s. S. 40) und **Santa María de Guía** (s. S. 98).

La Guancha (C 1): Folgt man von der zentralen Plaza aus den Hinweisschildern nach El Agujero Richtung Küste, gelangt man nach ca. 3 km zur größten Nekropole der Altkanarier. Auf dem Gräberfeld befinden sich mehrere Grabhügel mit Überresten der Grabkammern. Das Modell eines Tumulus ist im Museo Canario in Las Palmas zu betrachten (s. S. 62).

Ingenio (G 5/6)

Die auf 300 m gelegene Schwesterstadt von Agüimes ist eine der ältesten Siedlungen der Insel, trotzdem sucht man städtebauliche Schönheiten vergebens. Das einstige Zentrum der Zuckerrohrwirtschaft (*Ingenio* = Zuckerfabrik) hat sich heute auf den Tomatenanbau spezialisiert. Touristische Attraktion sind die Produktion, Ausstellung und der Verkauf von traditionellem Kunsthandwerk, vor allem von Hohlsaumstickereien. Die Kleidung der bekanntesten Volksmusikgruppen der Insel stammt aus den Stickereien des Ortes.

Sehenswert

Museo de las Piedras y Artesanía: Las Mejías, am Ortsausgang Richtung Telde, Mo–Sa 10–18 Uhr.
Ein etwas ungeordnetes und kurioses Sammelsurium aus Steinen, religiösen Utensilien und landwirtschaftlichem Gerät. Eine Stickereischule (s. u.) ist an-

geschlossen, die besichtigt werden kann (i. d. R. vormittags bis 11 Uhr, gelegentlich auch nachmittags).

Einkaufen

Stickereien kann man in der angegliederten **Stickereischule** des Museo de las Piedras y Artesanía (s. o.) erwerben. Weitere Geschäfte für solche Arbeiten sowie Leder- und Töpferwaren finden sich in der Calle Sebastián Espiro und der Calle Doctor Espino Sánchez.

Feste & Unterhaltung

Am **Gründonnerstag** startet am Museum um 20 Uhr eine **Prozession,** bei der 13 Jungen, als Jesus und seine Jünger verkleidet, mit prächtigen Heiligenstatuen durch den Ort ziehen. Drei Bruderschaften begleiten den Zug.

Bajada del macho: Am 15. Okt. begeht Ingenio die ›Herunterführung des Ziegenbocks‹. Dabei wird der stärkste Ziegenbock aus den Bergen in die Stadt getrieben, Folkloreaufführungen begleiten die Festlichkeiten rund um das Thema Fruchtbarkeit, die insgesamt bis zu einer Woche dauern.

Oficina de Turismo de Ingenio: Calle Pascual Richart, 35250 Ingenio, Tel. 928 78 37 99.

Stündlich fahren Busse nach Agüimes und Las Palmas; weiter **Busverbindungen** mit Telde und dem Süden (Maspalomas).

Ziele in der Umgebung

Agüimes (s. S. 42) und der **Barranco de Guayadeque** (s. S. 43) sind von Ingenio aus schnell erreicht.

Cuatro Puertas (G 5): Etwa 9 km nördlich von Ingenio an der Straße nach Telde zweigt eine Stichstraße (ausgeschildert) zur Cuatro Portas ab, einer großen Höhle mit vier Eingängen. Eine ebene Fläche vor der Höhle diente den Altkanariern vermutlich als Versammlungsplatz. Auf dem Hügel oberhalb weisen Vertiefungen und Rillen im Gestein auf eine Opferstätte hin.

Highlight 7

Jardín Canario (G 3)

Der Jardín Canario, in voller Länge Jardín Botánico Viera y Clavijo oder auch kurz Jardín Botánico genannt, gilt als einer der schönsten, interessantesten und bestbestückten botanischen Gärten der nördlichen Welthalbkugel (www.jardincanario.org, tgl. 9–19 Uhr, Eintritt frei). Über 450 endemische Pflanzen 27 verschiedener Gattungen sind in dem Garten heimisch, auch eine einzigartige Kakteensammlung ist angegliedert. Schattige Wege führen durchs Grün dieser gepflegten Anlage. Besonders im Frühling, wenn viele exotische Pflanzen in prächtiger Blüte stehen, muss man kein erklärter Botanikfreak sein, um ins Schwärmen zu geraten. Für den Rundgang sollte man mindestens 1–2 Std. einplanen.

Restaurante Jardín Botánico: Carretera de las Palmas, Tel. 928 43 09 39, tgl. 12–16, 19/20–23 Uhr, um 15 €.

Ein Besuch des Jardín Canario wäre unvollständig, würde man nicht in das angeschlossene Restaurant einkehren. Der Gast wird mit der herrlichen Aussicht über den Park und der guten kanarischen Küche verwöhnt. Spezialitäten sind neben *gofio*, *mojo* und *papas arrugadas* der Kresse-Eintopf *(potaje de berros)* sowie die köstlichen hausgemachten Desserts.

Per **Bus** mehrmals tgl. nach Las Palmas und Santa Brígida sowie Tejeda.

Die Anreise per **Pkw** erweist sich als umständlich. Ab **Las Palmas** Richtung Santa Brígida (alte GC-810/811), am Kreisverkehr rechts Richtung Secadero, zweispurig schlängelnd bergauf, nach 6,5 km liegt auf der rechten Seite der obere Eingang des Parks.

Von **Santa Brigida** kommend wird es schwieriger: Richtung Las Palmas/Tafira, hinter Monte Lentiscal auf die GC-4, hinter dem Tunnel die erste Abfahrt nehmen, dem weißen Schild Richtung Las Palmas folgen (alte GC-811). Nach 1,6 km liegt der Park linker Hand, man kommt aber nicht hinüber, sondern nimmt nach 2,8 km den U-Turn (Kehrtwende) zurück bergauf zum oberen Eingang (Abfahrt Uni führt nicht zum Ziel!).

La Aldea de San Nicolás (A/B 4)

s. San Nicolás de Tolentino, S. 94

Las Palmas (G 1/2)

Stadtplan: s. S. 62/63 (Altstadt), S. 64/65 (Santa Catalina)

Es war einmal, im Jahre der Stadtgründung 1478, da ragten zwischen Meer und dem heute so kahlen Hinterland nichts als Palmen auf. Vor 100 Jahren war der Ort mit dem Namen Villa Real de las Palmas noch immer die ›Königliche Stadt der Palmen‹ und zählte in seinen beiden Ortsteilen Vegueta und Triana weniger als 40 000 Einwohner. Der Zustrom von Menschen aus allen Teilen der Insel und die rapide Bevölkerungszunahme ließen den Ort wachsen – immer weiter, immer höher, immer mehr: 1930 zählte man schon 80 000 Einwohner, 1960 waren es über 190 000 und 1998 etwa eine halbe Million Menschen, die in diesem wirtschaftlichen, politischen und kulturellen Zentrum der Insel leben (heute: ca. 400 000). Reisende, die Las Palmas nicht vom Meer her besuchen, bekommen zunächst die Kehrseite des Fortschritts zu Gesicht, denn sie müssen sich erst einmal durch einen dichten Ring aus hässlichen Wohnklötzen und slumähnlichen Siedlungen mühen.

Ein eigentliches Zentrum sucht man in der quirligen Großstadt vergebens. Las Palmas wartet jedoch mit einer Vielzahl an *barrios* auf, die durch ihren unterschiedlichen Charakter überraschen. Das Viertel **Triana** mit zahlreichen Geschäften, Boutiquen und Fußgängerzone war früher Kaufmanns- und Handwerkerviertel. Der Hafen Puerto de la Luz und der weitläufige Sandstrand Las Canteras begrenzen das lebendigste Viertel: **La Catalina**. Hier gibt es die meisten Cafés, Kneipen, Bars und Discos der Stadt.

Highlight 8

Die historische Keimzelle von Las Palmas ist das Viertel **Vegueta,** in dessen verwinkelten Gässchen sich die meisten Museen und Kunstgalerien befinden.

Sehenswert

Parque de San Telmo: Die palmenbestandene Parkanlage gegenüber dem Busbahnhof in Triana ist idealer Ausgangspunkt für einen Stadtbummel. In der Nordecke fällt ein wunderschöner und farbenfroh dekorierter Jugendstilpavillon ins Auge: das Café Quiosco San Telmo, den wohl schönsten Ort in Las Palmas für eine Tasse Kaffee. Gegenüber liegt die Ermita de San Telmo, eine hübsche Kapelle mit barocken Altären und einer ›orientalischen‹ Decke im andalusisch-maurischen Stil.

Mercado de las Palmas: Calle Mendizábal, Mo–Sa 8–15 Uhr.

Die älteste und größte Markthalle der Stadt befindet sich im Altstadtviertel Vegueta. Ein Rundgang lohnt sich.

Casa de Colón: Calle Colón 1, www.casadecolon.com, Mo–Fr 9–19, Sa, So 9–15 Uhr.

Der Palast wurde gegen Ende des 15. Jh. als Residenz des Inselstatthalters erbaut. Auffallend sind das gotische Portal und die Fassade, die Elemente mehrerer Stilrichtungen enthält. Das Gebäude gilt als das schönste der Stadt und beherbergt heute das Kolumbusmuseum, das anschaulich die Geschichte der Entdeckung Amerikas nachzeichnet.

Catedral de Santa Ana: Plaza de Santa Ana, Zugang über das Kirchenmuseum Museo Diocesano de Arte Sacro (s. u.) Mo–Fr 9–13 und 16–18 Uhr oder unregelmäßig über das Hauptportal.

Quirlige Großstadt: Las Palmas mit der Catedral de Santa Ana

Baubeginn der im 19. Jh. vollendeten Kathedrale war bereits im ausgehenden 15. Jh. Sie vereint alle Baustile zwischen Gotik und Neoklassizistik. Im fünfschiffigen Innenraum beeindrucken vor allem die gotischen Rippengewölbe, der barocke Hochaltar, platereske Kanzeln und ein silberner Kronleuchter. In den Seitenkapellen liegen berühmte Persönlichkeiten begraben und wer immer schon mal eine Mumie sehen wollte, mag die des Bischofs Cordina betrachten, die in einem Glassarg aufgebahrt ist.

Museo Diocesano de Arte Sacro:
Calle Espíritu Santo 20, Mo–Fr 10.30–16.30, Sa bis 13 Uhr, Eintritt 3 €

Von der Kathedrale hat man Zugang zum Kirchenmuseum, das sakrale Kunstgegenstände wie Heiligenfiguren, Gewänder, Kultobjekte und eine Gemäldesammlung zeigt.

Plaza de Santa Ana: Der Platz vor der Kathedrale im Stadtteil Vegueta wird von Palmen und Repräsentativbauten flankiert. Das alte Rathaus, Casa Consistorial, wurde 1842 im neoklassizistischen Stil errichtet. Die benachbarte Casa del Regente fällt durch das fantastische Renaissanceportal auf. Ein paar Meter oberhalb der Plaza, links am Rathaus vorbei, erstreckt sich die hübsche Plaza del Espíritu Santo mit einem Brunnen und einer kleinen Kapelle.

Museo Canario: Calle Verneau/Calle Doctor Chil, Tel. 928 33 68 00, www.elmuseocanario.com, Mo–Fr 10–20, Sa/So 10–14 Uhr, Eintritt 3 €.

Das bedeutendste Museum der Kanaren ist ganz und gar der Kultur der Altkanarier gewidmet. In mehreren Sälen werden anthropologische, archäologische, ethnografische und geologische Exponate präsentiert. Nachbildungen und Modelle (u. a. der Cueva Pintada,

s. S. 57) veranschaulichen die Vorgeschichte der Kanarischen Inseln und das Leben ihrer Bewohner.

Parque Doramas: Der schönste Park von Las Palmas wirkt mit seinen Brunnen und Teichen, Palmen und Drachenbäumen wie eine Oase inmitten der quirligen Metropole. Hier befindet sich das berühmte **Hotel Santa Catalina** (s. S. 67) und der **Pueblo Canario**, der Nachbau eines kanarischen Dorfes, das mit folkloristischen Veranstaltungen (So 11.30 Uhr), zahlreichen Cafés, Restaurants und Shoppingarkaden zu einer touristischen Attraktion avanciert ist. Die Folklore-Darbietungen werden meist in ein Rahmenprogramm gehüllt, sind aber äußerst sehenswert (bitte Warnhinweis auf S. 68 beachten).

Museo Nestor: im Pueblo Canario, Tel. 928 24 51 35, www.museonestor.com, Mo–Sa 10–20, So 10.30–14 Uhr, Eintritt 2 €.

Werke von Nestor de la Torre (1887–1938) wurden vom Bruder des kanarischen Malers und Architekten zusammengetragen. Nestor, dessen Bilder stark vom Symbolismus geprägt sind, hatte die Idee des Pueblo Canario ins Leben gerufen, um eine Rückbesinnung auf die kanarische Kultur und Architektur zu bewirken.

Castillo de la Luz: Die Festung aus dem 16. Jh., kurz nach der Eroberung gebaut, liegt rund 6 km vom Zentrum auf der Halbinsel La Isleta. Sie kann im Rahmen von Veranstaltungen und Wechselausstellungen besucht werden. Ebenso imposant wie die Anlage ist der Ausblick auf den Hafen und die sich dahinter erhebende Stadt.

Sport & Strände

Folgt man der hinter dem Castillo de la Luz verlaufenden Calle de Juan Rejón, ist es knapp 1 km bis zum Paseo de las Canteras, der Strandpromenade an der berühmten **Playa de las Canteras.** Die Copacabana lässt grüßen: Am 3 km langen Stadtstrand kann man entlangschlendern, natürlich auch baden, sur-

Shoppingcenter El Muelle

Der Shopping-Himmel Las Palmas ist um einen Riesenstern reicher: Das neue Erlebnis- und Einkaufscenter El Muelle am Hafen erfüllt alle erdenklichen Konsumwünsche auf fünf Ebenen in modernster Weise. Doch auch Kaufunlustige finden reichlich Erlebenswertes – vor allem am Abend erinnert die Atmosphäre auf den oberen Holzterrassen an das Leben an Bord eines Kreuzfahrtschiffs, mit einzigartigem Blick auf Hafen und Stadt.

fen, windsurfen, sich sonnen oder in eines der unzähligen Cafés und Restaurants einkehren. Im nahen Parque de Santa Catalina, dem beliebten und lebhaften Treffpunkt nicht nur für Nachtschwärmer, schlägt das Herz des Stadtteils La Catalina.

Zwischen Yachthafen und Yachtclub liegt die **Playa de las Alcaravaneras,** eine etwa 1 km lange Feinsandfläche, die sich zum Baden gut eignet, wenn auch die Wasserqualität aufgrund der direkten Nähe zum Hafen etwas leidet.

Einkaufen

Jeden Sonntag findet auf dem Dach des Busbahnhofs im Parque San Telmo ein **Flohmarkt** statt (8–14 Uhr).

Die Geschäfte im Stadtviertel **Triana** an der Fußgängerzone Calle Mayor de Triana mit ihren belebten Seitenstraßen, lassen keine Wünsche offen. Hier erhebt sich der teure, mit einem Riesenangebot prunkende Konsumtempel **El Corte Inglés.** In der Seitengasse Calle Domingo J. Navarro 7 findet sich **Fedac,** ein Geschäft, das auch dem altkanarischen Kunsthandwerk gebührend Geltung verschafft.

Diverse **Shopping-Center** mit riesigen Dimensionen sorgen für Einkaufsspaß bei jedem Wetter.

Begehrte Souvenirs und Nippes findet man u. a. im **Pueblo Canario** (s. S. 63). Die **Markthallen** bieten bunten Trubel und günstige Lebensmittel. Vor allem der **Mercado de las Palmas,** Mo–Sa 8–15 Uhr, am Rande der Vegueta sei hier empfohlen. Allerlei Kitsch und Kram, afrikanischer Schnick-

schnack, deutsches Brot, Vögel und Kunterbuntes mehr werden jeden So 9–15 Uhr auf dem **Flohmarkt** am **Mercado del Puerto** angeboten.

Ausgehen

So unterschiedlich sich die einzelnen Stadtviertel von Las Palmas präsentieren, so verschieden ist auch ihr Nachtleben. In der **Altstadt** trifft sich Jung und Alt ab etwa 20 Uhr an der Plaza Mendoza in der Triana, um sich in einer der unzähligen Bars auf den Abend einzustimmen. Im Anschluss steht das Abendessen auf dem Programm, und ab etwa 22–23 Uhr geht es zurück an die Plaza bzw. in die Vegueta hinüber, wo sich im Umfeld der Calle Pelota Dutzende Lokale finden, vor denen man oft auch draußen sitzen und das romantische Ambiente der Altstadtgassen bis in den Morgengrauen hinein genießen kann. Diskotheken finden sich auch, vor allem in der Calle Mendizábel.

Dies ist die eher beschauliche Nachtseite der Stadt, die im Viertel Santa Catalina ihr pulsierendes Gegenstück findet. In der Mitte zwischen beiden Extremen, auch in geografischer Hinsicht, ist das Nachtleben in der **Ciudad Jardín** einzuordnen. Hier ist das als Sotavento bekannte Vergnügungsviertel am Yachthafen mit zahllosen Clubs und Cocktail-Bars angesagt, und das Publikum ist durchwegs jünger und auch wesentlich betuchter als in der Altstadt.

In **Santa Catalina** schließlich spielt sich das Nachtleben insbesondere im Bereich des Parque de Santa Catalina sowie der Strandpromenade Paseo de las Canteras ab, und diese Nachtmeile ist es, der Las Palmas seinen Ruf verdankt, eine der nachtaktivsten Städte Spaniens zu sein. Hier sind Live-Konzerte, egal welcher Stilrichtung, an öffentlichen Plätzen sowie in unzähligen Bars selbst unter der Woche normal, hier laden zudem die vielseitigsten und mit Abstand besten Musikpubs der Kanarischen Inseln ein sowie nicht zuletzt auch Dutzende Diskotheken, in denen sich das vorwiegend junge Inselvolk ganze Nächte und oft genug noch die folgenden Vormittage um die Ohren schlägt.

Infos im Netz: www.laspalmas24.com: Für Nachtschwärmer gibt es kein Pendant zu dieser Website, die die angesagtesten Adressen der Stadt detailliert und kenntnisreich vorstellt.

Feste & Unterhaltung

Am **5. Jan.** lässt die **Cabalgata de los Reyes Magos**, der Umzug der Heiligen Drei Könige, Kinderherzen höher schlagen.

Der **Karneval** im Feb./März wird zwar überall auf der Insel gefeiert, aber nirgends geht's so feucht-fröhlich, bunt und ausgelassen zu wie in Las Palmas, das sich nicht zu Unrecht rühmt, das ›Rio Europas‹ zu sein.

Die Karwoche, **Semana Santa,** im März/April lockt mit zahlreichen farbenprächtigen Prozessionen.

Corpus Cristi, Fronleichnam, wird mit großen Prozessionen gefeiert, im Rahmen derer die Plaza de Santa Ana von den Anwohnern in einen wahren Blumenteppich verwandelt wird.

Der Jahrestag der Stadtgründung, der auf den **Día de San Juan** fällt, wird am **24. Juni** mit Umzügen und einer Reihe festlicher Veranstaltungen begangen.

16. Juli: Der Tag ist der Schutzheiligen der Fischer, **Nuestra Señora del Carmen,** gewidmet und wird mit einem Volksfest gefeiert.

In Las Palmas gibt es mehrere Info-Zentren, Zimmer vermitteln sie nicht.

Patronato de Turismo: León y Castillo 17, 35003 Las Palmas, Tel. 928 21 96 00, Fax 928 21 96 01, Mo–Fr 9–14 Uhr.

Hier bekommt man Informationen über die gesamte Insel.

Punto de Información Catalina: Parque de Santa Catalina, 35007 Las Palmas, Tel. 928 44 68 24, Fax 928 44 66 51, www.promocionlaspalmas.com (nur Spanisch), Mo–Fr 9–13.30 und 16–19 Uhr, Sa 9–13 Uhr.

Informationen über Las Palmas.

Punto de Información San Telmo: Parque de San Telmo, Tel. 928 44 68 24. Gleiches Service-Angebot.

In der Hafenstadt gibt es zahlreiche Billigstherbergen mit Preisen unter 12 €. Mangelnde Sicherheit und Sauberkeit sowie unerwünschte ›Mitbewohner‹ in Form von Ungeziefer sind jedoch keine Seltenheit, sodass diese Unterkünfte selbst hartgesottenen Reisenden kaum zu empfehlen sind. Viele der günstigsten Quartiere sind darüber hinaus oft von afrikanischen Einwanderern belegt, sodass nur der tiefere Griff in die Reisekasse bleibt.

Hostal Alcaravaneras: Calle Luis Antúnez 22, Tel./Fax 928 24 89 14, www.canaryhostel.com, DZ ab 30 €.

Treff für junge Leute, die weniger Wert auf Komfort legen als auf günstige Lage und vor allem Preise. Das blau getünchte Haus ist nur etwa 50 m vom Alcaravaneras-Strand und ca. 10 Gehminuten von der Playa des las Canteras entfernt, bietet schlichte Zimmer, Gästeküche und Fahrradverleih.

Pensión Plaza: Calle Luis Morote 16, Tel. 928 26 52 12, DZ ab 32 €.

Direkt am Parque de Santa Catalina, mitten im Trubelzentrum gelegenes Hostal mit schlicht möblierten, aber sauberen Zimmern (alle mit Bad), die teils auf den Park blicken; das Personal ist freundlich, die Preise angemessen.

Hostal Residencia Madrid: Plaza Cairasco 2, Tel. 928 36 06 64, DZ ab 50 €.

Es ist das einzig empfehlenswerte Haus in der Vegueta, altertümlich bis angegammelt, mit sehr herzlicher Atmosphäre; die Terrassenbar ist eine Institution in der Stadt.

Apartamentos Colón Playa: Calle Alfredo L. Jones 45, Tel. 928 26 59 54, Fax 928 26 59 58, www.colonplaya.com, Apartment 45–56 €.

Moderner Bau mit 42 Wohneinheiten direkt an der Promenade. Lounge und Rezeption erstrahlen in Messing und Marineblau. Die schönen Apartments haben teils Erker und sind gemütlich eingerichtet. Der Blick auf Meer und Playa kostet einen kleinen Aufschlag.

Apartamentos Tinoca: C/. La Naval, 10, Tel. 928 46 94 60, www.apartamentostinoca.com, Apartment ab 47 €.
30 m vom Strand gelegenes Haus mit 48 netten Apartments, die teureren haben Terrasse oder Balkon. Die Apartments sind teilrenoviert, das freundliche Personal gibt Tipps zur Stadt.

Brisamar Canteras: Las Canteras 49, Tel. 928 26 94 00, www.brisamarcanteras.com, Studios von 45 € bis 59 € (mit Meerblick), Wohnungen ab 70 €.
Die Strandlage ist top, top auch die Aussicht von der Dachterrasse und die Zimmer sind zeitgemäß eingerichtet.

Hotel Parque: Calle Muelle de Las Palmas, 2, Tel. 928 36 80 00, Fax 928 36 88 56, www.hparque.com, DZ ab 60 €.
Älteres Komforthotel in der Vegueta, nahe der Triana gelegen. Saubere Zimmer, freundliche Atmosphäre, hübsche Dachterrasse.

Hotel Express Playa Las Canteras: Prudencio Morales, 41, Tel. 928 46 31 53, Fax 928 46 48 01, www.nh-hotels.de, DZ ab 98 €.
Hinter der unattraktiven Fassade locken 67 Komfortzimmer mit netter Einrichtung. Leider kein Pool und ohne eigenen Frühstücksraum (Gäste gehen ins Imperial Playa), dafür in Gehweite zur Promenade.

Hotel Reina Isabel: Calle Alfredo L. Jones 40, Tel. 928 26 01 00, Fax 928 27 45 58, www.bullhotels.com, DZ ab 98, Suiten ab 125 €.
Renommiertes Strandhotel, sehr luxuriöse Zimmer, traumhafter Wintergarten, edles Restaurant, Dachterrasse mit Pool im Kreuzfahrtschiff-Look.

Hotel Santa Catalina: Parque Doramas, León y Castillo 227, Tel. 928 24 30 40, Fax 928 24 27 64, www.hotelsantacatalina.com, DZ ab 115, Suiten ab 198 €.
Das Hotel, 1953 nach dem Vorbild altkanarischer Architektur errichtet vor einigen Jahren renoviert, markiert eine Klasse für sich und prunkt im Stil der alten spanischen Klassehäuser. Gediegenheit und Eleganz, Türmchen, Balkönchen und filigrane Verzierungen, wohin man auch blickt, auch die Lage gegenüber dem Yachthafen ist top. Kein Wunder, dass es sich der spanische König nicht nehmen lässt, hier zu wohnen, wenn er die Insel besucht. Die Zimmer und Suiten überzeugen durch die Liebe zum Detail: sanft geschwungene Polster, lichte Vorhänge, edle Hölzer; nur die Zimmer zum engen Innenhof sollte man meiden – ein Tipp für alle diejenigen, die es sich leisten können, stilvoll zu wohnen.

Schier zahllos sind die Restaurants, Cafés und Bistros in Las Palmas, so dass im Folgenden nur eine Auswahl vorgestellt werden kann. Generell gelten der Paseo de las Canteras und der Parque de Santa Catalina als die gastronomischen Meilen der Stadt.

La Cafetera: Escala Doctor Miguel Rosas, Tel. 928 26 05 72, tgl. 12–22 Uhr.
›TUI-Treffpunkt‹ in einer Seitengasse des Paseo de las Canteras: ein kuschelig-deutsches Café mit hübscher Einrichtung, absolut leckeren Torten und Gebäck sowie herzhaften Speisen wie Buchweizenpfannkuchen mit Thunfisch, Paprika und Käse nebst Bratkartoffeln mit Spiegelei.

Ristorante Italiano Roma: Paseo de Las Canteras, 1, Tel. 928 48 61 12.
Heller, freundlicher Italiener mit guter

Kriminalität in Las Palmas

Wer sich nach einigen Tagen auf Gran Canaria sicherer fühlt als daheim, liegt nicht verkehrt – die Insel gilt generell als ungefährlich. Las Palmas jedoch bildet eine Ausnahme, zumindest wenn es um abgestellte Pkw geht. Auch die bewachten Parkplätze bieten kaum Schutz. Bitte unbedingt alle Wertsachen aus dem Auto entfernen, das Handschuhfach offenlassen und bestenfalls noch alle Hinweise entfernen, die auf einen Mietwagen schließen lassen (Karten oder Sprachführer etc.). Abgesehen davon sollten jene Vorsichtsmaßnahmen gelten, die in allen Großstädten anzuraten sind: nicht mit der Börse in der Hand umherlaufen, Handtaschen mit der Verschlussseite nach innen drehen, abends und nachts dunkle Straßenzüge sowie Parks (auch Parque Doramas) meiden.

Auswahl an Pizza & Pasta ab 11 €. Das Restaurant liegt am Nordende der Promenade, drinnen sitzt es sich gemütlich vor einer romantischen Wandmalerei, draußen erfreut der Blick über die Playa.

Las Marineras: La Puntilla, am nördlichen Strandende, Tel. 928 46 88 02, ab 12.30 Uhr.
Gutes Fischrestaurant in bester Lage mit tollem Blick von Wintergarten oder Terrasse, Muscheln in jeder Zubereitungsart (Herz-, Venus-, Mies- oder Schwertmuscheln), frischer Fisch 2,40–4,20 €/100 g.

La Corte China: Calle General Vives 53, Tel. 928 26 11 11, tgl. 12.30–16.30, 20–24 Uhr.
Das Restaurant nahe dem Parque de Santa Catalina bietet exotische Speisen in gemütlichem Ambiente: große Auswahl an vegetarischen Gerichten; ideal für den Bärenhunger sind die reichhaltigen Tagesmenüs (9,80 €).

Ristorante Paparazzi: Paseo de las Canteras 28, Tel. 928 26 05 91.
Einfallsreich gestaltetes italienisches Restaurant mit lockerer Atmosphäre und kreativer Küche. Leider gibt es nur wenige Plätze im Freien. Hier bekommt man nicht nur Pizza und hausgemachte Nudeln, sondern auch feine Fleischgerichte ab 16 €.

El Novillo Precoz: Calle Portugal 9, Tel. 928 22 16 59, www.novilloprecoz.com, tgl. 13–16, 20–24 Uhr, 12–24 €.
Erklärte Fleischesser mit Riesenhunger werden in diesem Grillrestaurant nicht nur preislich auf ihre Kosten kommen). Das preisgekrönte Haus gilt als *die* Adresse für *parillada* (Grillplatte) im Archipel. Das verpflichtet, und entsprechend wird das Rindfleisch aus Uruguay importiert.

El Padrino: Las Coloradas, Calle Jesús Nazareno 1, Tel. 928 46 20 94, kein Ruhetag, Gerichte um 30–45 €.
Das etwas versteckt liegende Lokal zählt zu den beliebtesten der Stadt. Grund dafür ist die unverfälschte kanarische Küche, die man so schnell nicht wieder vergisst. Das Restaurant liegt in La Isleta, dem Örtchen auf dem Berg am Nordende der Stadt – der Calle Juan Perez am Hotel Las Canteras (s. Karte) bis zum Ende folgen, rechts, erste Straße links den Hügel hinauf, die Straße führt nach etwa 2 km fast direkt auf den Wintergarten des Lokals zu.

Wer mit dem **Pkw** anreist, ist gut beraten, sich möglichst schnell einen Parkplatz zu suchen – das Verkehrsaufkommen ist während der

Woche erheblich, ausgewiesene Parkflächen für Touristen gibt es nicht. Es bleiben also nur die wenigen Parkhäuser (z. B. nahe Parque San Telmo) oder die Nebenstraßen, die meist schon arg von Suchenden frequentiert werden.

Der zentrale unterirdische **Busbahnhof** Estación de Guaguas de San Telmo für alle Inselbusse befindet sich am Parque de San Telmo im Stadtviertel Triana. Fahrpläne hängen aus. **Busverbindungen** bestehen mit nahezu allen Ortschaften der Insel, außerdem zum Aeropuerto de Gando (alle 30 Min. 6–19 Uhr, stündlich bis 23 Uhr) sowie in den Inselsüden (alle 15–20 Min. bis 20 Uhr, danach stündlich bis 23 Uhr).

Die Compañia Trasmediterránea, für alle **Fährverbindungen** im Archipel sowie nach Spanien zuständig, hat eine Niederlassung am Hafen, wo auch alle Schiffe ablegen: Muelle de Santa Catalina, Tel. 928 47 41 21, www.trasmediterranea.es.

Es bestehen **Schnellbootverbindungen** (nur Personen) nach Santa Cruz de Tenerife (Mo–Sa 3–5 x tgl.) und Fuerteventura (Mo–Sa 10, So 15 Uhr), Informationen unter Tel. 928 45 46 45.

Autofähren nach Santa Cruz de Tenerife mehrmals tgl., nach Fuerteventura tgl. und nach La Palma Do um 11.30 Uhr sowie 1 x pro Woche nach Cádiz in Südspanien. Alternativ empfiehlt sich die Fährverbindung nach Santa Cruz de Tenerife ab Agaete (mehrmals tgl.), der kostenlose Shuttle fährt ab der Calle Luis Morote 4, jeweils 1 Std. vor Abfahrt der Fähre (s. S. 41).

Ziele in der Umgebung

Wem ein ganzer Tag in Las Palmas zu lang ist, der kann auf der Rücktour einen Abstecher zum **Jardín Canario** (s. S. 59) und/oder zur **Caldera de Bandama** (s. S. 51) einplanen.

Highlight

Maspalomas (D/E 8)

Stadtplan: s. S. 78/79

Die Ferienenklaven im Süden der Insel, Maspalomas, Playa del Inglés und San Agustín, sind zu einer Urlaubergroßstadt mit zahllosen Apartment- und Hotelanlagen verschmolzen, die jährlich 2 Mio. Touristen beherbergen. Maspalomas gilt als der ruhigste Ort des Trios: Hier finden sich die feinsten und wohl auch schönsten Adressen der Costa Canaria. Hinter dem Ozean schließt sich ein Meer aus Feinsand an, von Dünenkämmen durchzogen und mit 5 km^2 Ausdehnung eines der größten Strand-Eldorados Europas. Die Dunas de Maspalomas bilden eine Ruheoase, während sich gleich nebenan quirlige Strände anschließen, für die die Costa Canaria auch berühmt ist.

Mehrere Jahrzehnte war der Faro, der Leuchtturm, in Maspalomas das weithin sichtbare, einsame Begrenzungszeichen der Costa Canaria. Dies ist Geschichte, seit zwei Jahren wird an der Costa Meloneras ausgiebig gebaut, entstanden sind bereits vier gewaltige Anlagen, deren Masse die Silhouette des Faro verdrängt.

Sport & Strände

Die **Playa de Maspalomas** geht gen Norden in die 3 km lange **Playa del Inglés** und landeinwärts in die **Dunas de Maspalomas** über. Hier kann man wählen zwischen turbulentem Strandtreiben oder einem ruhigen Sonnenbad in den Dünen.

Die **Playa Meloneras** liegt direkt vor den neuen Hotelanlagen, kann aber mit den o. g. Sandflächen nicht mithalten. Gleich mehrere **Wasserparks** buhlen um die Gunst der Wasserratten.

Aqualand: Carretera Los Palmitos Parque bei Maspalomas, www.aqualand.es, tgl. 10–17 Uhr, Eintritt 24 €, Kinder 17 €.
Gigantischer Wasservergnügungspark mit einer 5300 m^2 großen Pool-Landschaft, 29 Rutschen sowie dem künstlichen Congo River.
Holiday World: Avda. Touroperador TUI, Tel. 928 73 04 98, www.holidayworld-maspalomas.com, tgl. ab 9 Uhr, Vergnügungspark von 17/18–23/24 Uhr, kein Eintritt, sondern Einzelpreise. Wiedereröffneter Park mit kirmesartigem Charakter: diverse Fahrgeschäfte und Attraktionen, daneben ein Gamecenter, Bowlingcenter, ein Schwimmbad, Fitnesscenter und Restaurants.
Palmitos Park: 8 km von Playa del Inglés am Ende der Carretera Los Palmitos Parque, tgl. 10–18 Uhr, Anfahrt von den Ferienzentren per Shuttlebus möglich, Tel. 928 79 70 70, www.palmitospark.es, Eintritt 23 €, Kinder 17 €. Im Sommer 2007 wurde ein großer Teil dieses inselweit einzigartigen Tier- und Pflanzenparks Opfer der verheerenden Waldbrände. Da keine Kosten gescheut wurden, konnte das zerstörte Refugium 2009 wiedereröffnet werden und präsentiert sich heute erneut als eine über 200 000 m^2 große **Vegetationsoase.** Sehenswert sind insbesondere der einzigartige Kaktusgarten (mit bis zu 4 m hohen Exemplaren), das Orchideenhaus (das größte der Kanaren), das Schmetterlingshaus (das größte Europas), das Reptilarium und Aquarium. Kinder werden vor allem die Zooabteilung mit seltenen Säugetieren (u. a. Orang Utans) lieben. Hauptattraktion sind jedoch die stündlich aufgeführten Papageien-

Wie ein Stück Sahara: Dunas de Maspalomas

shows sowie andere Vogelvorführungen (10.30–16.30 Uhr). Hier kann man sich locker einen ganzen Tag lang aufhalten.

Golf: Club de Golf Maspalomas, Tel. 928 76 25 81, www.maspalomasgolf.net, tgl. 8–20 Uhr, keine Mitgliedschaft, 60–95 €. Wunderschön unmittelbar an den Dünen gelegener Platz: 18 Loch, 73 Par, Gesamtlänge 3236 m, 72 Greens.

Camello Safari Dunas de Maspalomas: Charca de Maspalomas, Tel. 928 76 07 81, www.camellosafari.com, tgl. 9/10–16 Uhr. Rund 50 Minuten dauert der Gruppenritt zu Kamel am Rand der Dünen entlang, was nicht nur Kindern großes Vergnügen bereitet.

Weitere Freizeitaktivitäten: s. Playa del Inglés (S. 75) und San Agustín (S. 90).

Ausgehen

Umfassende Infos über das Nachtleben bietet die Website www.maspalomas-tonight.com.

Mehrere Discos sowie ein gutes Dutzend Pubs und Bars laden zum Ausgehen ein, aber das ›wirkliche‹ Nachtleben spielt sich in Playa del Inglés ab (s. S. 77).

Populärste Nachtadresse ist der Freizeitpark **Holiday World,** wo die Disco **Mi Salsa** (Fr/Sa ab 0 Uhr, So 22–4 Uhr) als Top-Adresse für alle gilt, die Salsa- und Latin-Tänze lieben; auch Tanzstunden kann man hier nehmen (Di und Mi ab 21.30 Uhr). Ebenfalls im Freizeitpark lädt mit dem **Music World Square** (Fr/Sa 20–5, So bis 2, Do–Mi18–0 Uhr) der größte Tanzsaal der Kanarischen Inseln ein. Abgetanzt wird vor allem zu Walzer Cumbia, Salsa, Merengue, Tango und Cha-Cha-Cha.

Kinder

Wasserparks, Palmitos Park, Kartbahn, s. Sport & Strände, S. 69–70

Oficina Turismo Mirador del Golf: Avda. Turoperador Tui (Campo Internacional), 35100 Maspalomas, Tel. 928 76 95 85, Fax 928 77 81 51, www.turismo.maspalomas.com, Mo–Fr 9–16 Uhr.

Bungalows LAURA: TT.OO. TUI S/N, Tel. 928 76 71 78, Fax 928 77 90 12, www.bungalows-laura.com, Bungalow ab 35 € (2 Pers.). Sehr gepflegte und persönlich geführte Anlage mit umweltfreundlichem Pool in ruhiger Lage. Die zwölf Bungalows sind komplett ausgestattet und besitzen je zwei Terrassen.

Bungalows Campo Golf: Av. Touroperador Neckermann, Tel. 928 76 68 91, Fax 928 76 00 03, Bungalow 29–71 € (je nach Saison).
Schlichte weiße Anlage im Grünen, ruhige Atmosphäre, ideal für Familien, nicht allzu weit zum Strand.

El Capricho: Avenida del Oasis 21, Tel. 928 14 16 80, www.apartelcapricho.com, Apartments 55–115 €.
An der Promenade in erster Linie gelegenes zweistöckiges Apartmenthaus mit sechs renovierten Wohneinheiten, die oberen bieten den vollen Blick auf den Strand.

Grand Hotel Residencia: Av. del Oasis, Tel. 928 72 10 32, Fax 928 14 18 08, www.grand-hotel-residencia.de, DZ ab 348 €.
Beliebtes Haus mit fünf Sternen mit freundlicher Atmosphäre und fantastischem Blick über Strand und Dünen (ab dem vierten Stock), tropischer Garten, großer Swimmingpool, Wellness-Center, das Frühstücksbuffet ist unbeschreiblich. Das Luxushotel wurde vor wenigen Jahren zum Designhotel umgebaut und erstrahlt nun in einer modernen Interpretation der 1970er Jahre. Sehenswert!

Gran Hotel Villa del Conde: Mar Mediterráneo, 7, Tel. 928 56 32 00, www.lopesanhotels.com., DZ ab 140 €, Suiten ab 210 €.
Neue Luxusanlage auf 60.000 m^2 in Meloneras mit weithin sichtbarer Empfangshalle im Stile einer Kirche, die Zimmer und Suiten verteilen sich auf viele kleine Gebäude. 5 Pools, 4 Restaurants, sympathischer Dorfcharakter.

Playa del Inglés und Maspalomas gehen fließend ineinander über; abends schlendert man nach Playa hinüber, wo das Restaurant-Angebot umfangreicher ist (s. S. 80).

El Senador: im Schatten des Leuchtturms, Tel. 928 14 20 68, www.restauranteelsenador.com, tgl. ab 10 Uhr, um 20 €.
Freundliches Restaurant am Ende der kleinen Gastrozeile im Schatten des IFA-Hotels, große Terrasse mit Blick auf Strand und Leuchtturm. Lobenswert sind insbesondere die Fisch- und Lammgerichte.

El Labrador: in Montaña la Data Alta (zunächst Richtung Palmitos Park fahren, dann Schildern ›Monte Leon‹ folgen), Tel. 928 14 12 88, Di–So 13–24 Uhr.
Sehr rustikales, authentisches Terrassenrestaurant mit kanarischer Küche, die auch die Insulaner anzieht. Man sitzt zwischen Avocadobäumen an Natursteintischen und genießt z. B. Spezialitäten vom Grill (ab 13 €).

Von Maspalomas sehr gute **Busverbindungen** innerhalb der Costa Canaria, zu Zielen der Umgebung (z. B. Palmitos Park, Sioux City) sowie nach Arguineguín, Puerto Rico und Puerto de Mogán. Alle 15–20 Min. fahren Busse nach Las Palmas, außerdem nach Fataga, San Bartolomé und Ayacata bis Tejeda. Per Bus sind alle Orte entlang der Ostküste zu erreichen, Richtung Westen kommt man bis San Nicolás. Aktuelle Busfahrpläne mit allen Linien und Haltestellen erhält man im Touristenbüro in Playa del Inglés (s. S. 78).

Ziele in der Umgebung

Bergstraße (E 8–7): Lohnend ist in jedem Fall eine Fahrt auf der GC-60 (entweder per Pkw, Motorrad oder sportlich auch Fahrrad) nach Fataga und weiter nach San Bartolomé – ein kurzer Abstecher, der bereits faszinierende Ausblicke auf die Bergwelt bietet.

Auf dem Weg dorthin passiert man das Ethno-Freilichtmuseum **El Mundo Aborigen** (s. S. 55).

Mogán (B 6)

Obstbäume, Bambus- und Palmenhaine machen das Kerbtal des Barranco de Mogán, an dessen oberem Ende auf 250 m Höhe der Ort Mogán (700 Einwohner) liegt, zu einem der Gärten Eden von Gran Canaria. Die Fruchtbarkeit ist sprichwörtlich, und entsprechend wohlhabend ist das Bergdorf. Bis in die 1970er Jahre hinein war Mogán nur über schmale Pfade erreichbar. Die küstennahe Abgeschiedenheit lockte ›Aussteiger‹ und Künstler an, und noch heute kommen viele Individualurlauber, die Rummel und Unterhaltung der Küste nicht wollen. Das Meer ist nur 10 km entfernt und das wilde Bergland ringsumher ein ideales Wandergebiet (s. dazu auch Puerto de Mogán S. 84).

Casa El Siroco: Calle San Antonio de Padua 6, Mogán, Tel. 928 56 93 01, Fax 928 56 95 98, www.casaelsiroco.com, DZ ab 40 €.
2007 wurde das charmante Anwesen unter die fünf schönsten Unterkünfte auf Gran Canaria gewählt. Und ›kanarischer‹ wohnt man nirgends im Inselsüden, denn auch innen hält das aus dem 18. Jh. stammende ehemalige Rathaus des Ortes alles, was man von einem romantischen Hideaway erwartet.

Restaurante Acaymo: Tostador 14, Tel. 928 56 92 63, Di–So 12–22 Uhr.
Am Ortsausgang in der ehemaligen Dorfschule eingerichtetes Gewölberestaurant, das tagsüber stark von Gruppen frequentiert wird und insbesondere in den Dämmerstunden zu empfehlen ist, wenn das Tal von Mogán oft auf das schönste von der Sonne beleuchtet wird – in Vollendung zu genießen von der Außenterrasse. Kulina-

Idylle in den Bergen: Mogán

risch dreht sich hier alles um Grillgerichte, für die man um 20–25 € rechnen muss.

Regelmäßig **Busse** nach Puerto de Mogán sowie mehrmals tgl. Richtung San Nicolás.

Ziele in der Umgebung

Von der Straße Richtung San Nicolás zweigt oberhalb von Mogán eine Straße in die **Berge** ab, Richtung Ayacata bzw. Tejeda. Ein lohnenswerter Trip, der auf den abzweigenden Nebenpfaden auch zum Abenteuer werden kann. Ein Allradfahrzeug ist dort durchaus zu empfehlen, dieses gilt auch für die schmale Straße, die in den **Barranco de Veneguera** führt.

Auf dem Hin- oder Rückweg – die meisten Reisenden steuern Mogán von der Küste her an – ist der Hafen von Mogán, **Puerto de Mogán** (s. S. 84), einen Halt wert.

Moya (E 2)

Moya, am steil abfallenden Ostrand des gleichnamigen Barranco auf knapp 500 m Höhe knapp unterhalb der Passatzone gelegen, trägt den Beinamen Villa Verde. Als ›grünes Städtchen‹ gefällt es von allen Orten des Inselnordens wohl am besten. Die wunderbare Aussicht und die reizvolle Umgebung machen den Ort zu einem lohnenden Ausflugsziel.

Sehenswert

Die aus den 1950er Jahren stammende **Iglesia Nuestra Señora de la Candelaria** liegt ungewöhnlich schön an der Steilkante des Barranco de Moya. Das reich verzierte Portal ist ein Meisterwerk der Steinmetzkunst. Unter den Statuen im Kirchenraum (nur zu Gottesdiensten geöffnet) gefällt besonders die Jungfrau von Candelaria. Oberhalb der Kirche erstreckt sich ein gepflegter Friedhof mit Nischengräbern in den umlaufenden Mauern. Von der Kirche bietet sich ein herrlicher Blick in den Barranco.

Museo Tomás Morales: Plaza de Tomás Morales, www.tomasmorales.com, Mo–Fr 9–20, Sa 10–14 und 17–20, So 10–14 Uhr, Eintritt frei.

Gegenüber der Kirche liegt das Museum zu Ehren des Lyrikers Tomás Morales Castellano (1884–1921), der hier seine Kindheit verbrachte. Ausgestellt sind Bücher und Manuskripte sowie Interieur seiner Zeit. Unregelmäßig dient das Museum auch als Veranstaltungsort für Lesungen und Tagungen.

Einkaufen

Bizcochos de Moya, köstliches Zuckergebäck, sind *die* Spezialität in Moya und in nahezu allen Bäckereien und Läden der Stadt erhältlich.

Feste & Unterhaltung

Am ersten So im Mai sollte man den Viehmarkt anlässlich der **Fiesta de los Vecinos** besuchen.

Oficina de Turismo de Moya: Calle Juan Delgado 6 (Parque Pico Lomito), 35420 Moya, Tel. 928 61 23 48, Mo–Fr 9–14 Uhr.

Im Zentrum laden mehrere einfache Bar-Restaurants ein. Zu empfehlen sind die Bar **Piscolabis de la Nuez** an der Hauptstaße nahe des Museums sowie die **Mesón Casa Plácido** neben der Kirche, wo günstige kanarische Kost serviert wird (ab 12 €).

El Gallo: El Palmital, Carretera de Moya–Guia 32, an der Straße nach

Los Tilos, Tel. 928 55 91 39, So–Fr 13–20, Sa 13–16, 20–24 Uhr, um 24 €.
Etwas außerhalb liegt dieses Spezialitätenrestaurant mit frischer, rustikaler Küche, das seine Produkte von der eigenen Bio-Finca bezieht.

Busverbindungen nach Las Palmas.

Ziele in der Umgebung

Über die Straße Richtung Guía gelangt man nach ca. 2 km zu einer Straße, die links zum **Barranco del Laurel (D 2)** abzweigt (Beschilderung ›Los Tilos‹). Die uralten, knorrigen Bäume sind Relikte eines ehemals den ganzen Norden bedeckenden Lorbeerwaldes und stehen heute unter Naturschutz.

Wer den Weg nach Moya gefunden hat, sollte auch die weitere Fahrt nach **Firgas** (E 2, s. S. 55) und **Fontanales** (D 3, s. S. 56) nicht scheuen, um sich ein rundes Bild von den schönsten Bergdörfern der Insel machen zu können.

Playa de Güigüí (A 5)

Kaum ein anderes Fleckchen Gran Canaria sorgt für mehr geheimnisvolles Gerede als diese Playa, die unzugänglich inmitten eines Naturreservats liegt. Das rund 800 m lange, weiße bis hellgraue (je nach Strömung) und feinsandige Doppelstrand-Refugium ist durch eine Felsnase unterteilt. Je nach Gezeitenstand ist der ringsherum von steilen Felsen umgebene Strand bis zu 50 m breit.

Nur bei Ebbe kann man um das nördliche Kliff herumwandern zur Playa de Güigüí Chico. Der etwa 300 m lange Strandabschnitt ist der kürzere der beiden Güigüí-Strände. Ganz und gar traumhaft sind beide, aber der kleine verschwindet bei Flut fast vollständig. Da man die Playa de Güigüí Chico nur bei Ebbe wieder verlassen kann, darf man die rechtzeitige Rückkehr vor Einsetzen der Flut nicht verpassen.

Bis vor wenigen Jahren wurde die Playa de Güigüí als absolute Strandeinsamkeit am türkisfarbenen Ozean beschrieben. Heute muss man die Aussagen relativieren, denn menschenleer ist das Paradies schon lange nicht mehr. Vor allem am Wochenende schwingen sich die Städter in die Boote und suchen die exotischsten Picknickplätze der Insel auf – was bleibt sind wachsende Müllhaufen, für die sich niemand zuständig fühlt.

Während früher eine schweißtreibende **Wanderung** ab Tasartico (insgesamt 5 Std., 12 km!) die Einsamkeit im Paradies garantierte, ärgern sich heute die Wanderer über den per Boot importierten Rummel. Daher die Anreise besser ebenfalls **per Boot** organisieren, Infos zu Verbindungen im Hafen von Puerto de Mogán (Boot bis zu 5 Personen ab 110 €).

Playa del Inglés (E 8/9)

In Playa del Inglés herrscht wohl der größte Rummel der Urlaubergroßstadt Costa Canaria. Es locken 400 Lokale, 60 Discos, rund 300 Apartmentanlagen und zwei Dutzend Großhotels. Die Straßenzüge gleichen sich wie ein Ei dem anderen, Deutsch ist Umgangssprache. In Spitzenzeiten sind es nicht weniger als 100 000 Touristen, die in dieser reinen Retortenstadt wohnen und sich tagsüber am schönen weitläufigen Strand der Lust an Selbstverbrennung hingeben. Wer den Ort zu seinem Urlaubsdomizil erkoren hat, kann sich

kaum dem pulsierenden Nachtleben entziehen, denn auch für Nachtschwärmer gibt es europaweit kein Pendant zu dieser Ferienmetropole.

Sport & Strände

Fast 3 km lang, 50 m breit, goldfarben und feinsandig – so präsentiert sich die schöne **Playa del Inglés,** die im Norden in die Playa de las Burras von San Agustín und gen Süden in die Playa de Maspalomas übergeht. Die Infrastruktur ist top, zu ›Stoßzeiten‹ herrscht aber trotz der Ausdehnung drangvolle Enge.

Der **Mini-Tren** kurvt zum Spaße aller Kinder und mancher Erwachsener durch Playa del Inglés und verspricht laut Prospekt »eine Stunde gesunde Zerstreuung«. In jedem Fall ist der Nachbau einer Westernbahn von 1864 eine lustige Art, seinen zunächst unüberschaubaren Ferienort kennen zu lernen. 30-Min.-Turnus 10–12 und 16–20 Uhr, 6 €, Kinder 3 €.

Tauchen: Wer die Unterwasserwelt der Insel kennen lernen will, ist im Diving Center »SUN - SUB« im Hotel Buenaventura, Plaza de Ansite s/n, Tel. 928 77 81 65, www.sunsub.com, gut aufgehoben. Die Schule existiert seit 25 Jahren und bietet sowohl Schnupperkurse als auch komplette Lehrgänge an. Specials wie Nacht- oder Wrack-tauchen locken bereits erfahrene Gäste, Ausrüstung wird vermietet.

Quad-Safaris bietet Free Motion an (s. Tipp-Kasten S. 80). Zudem werden Touren mit dem **Mountainbike** angeboten, die Bikes werden auch solo verliehen (12–26 €/Tag).

Platz für Sonnenanbeter:
Playa del Inglés

Weitere Freizeitaktivitäten (auch Luftsport) s. Maspalomas (S. 69) sowie San Agustín (S. 90).

Einkaufen

In den vielen mehrstöckigen **Einkaufszentren** *(centros comerciales)* – Kasbah, Cita, Yumbo etc. – gibt es zahllose Läden, Supermärkte, Bars und Restaurants.

Eine deutsche **Metzgerei** und eine **Bäckerei** mit diversen Brotsorten gibt es im Viertel San Fernando. Dort findet auch jeden Mi und Sa ein **Wochenmarkt** in den Markthallen statt, mit Lebensmitteln und Souvenirs (9–14 Uhr).

Ausgehen

Das Nightlife von Playa del Inglés vorzustellen, käme in etwa dem Versuch gleich, die Hochhäuser von New York aufzuzählen. Südländisch wird es abends in der **Kasbah**, wenn vor allem ältere Touristen und Einheimische auf den Mauern der zentralen Plaza sitzen und den Klängen der Musik lauschen oder ein erstes Tanzbein schwingen.

Wer auf ›Schnuppertour‹ gehen will, sollte in der **Cita** zwischen Av. Francia und Av. Alemania starten, wo nächtliche Vergnügungen aller Art geboten werden. **Sascha's** Cocktailbar an der Av. Tirajana ist ab 19 Uhr Schickimicki-Treff für Leute mit gehobenen Ansprüchen. Das **Pascha,** eine Institution auf der Insel (Av. Tirajana 10), will wie das an derselben Straße gelegene **Boney M** (www.boneym-grancanaria.com) ältere Semester ansprechen (jeder Strandurlauber kennt die Werbung auf den althergebrachten Flugzeugbannern). In der **Garage** (www.garage-pub.com) oder der höher gelegenen **Beckham Bar** im Einkaufszentrum Kasbah trifft sich cooles Volk, die Disco **Joy** ist derzeit der angesagteste Ort für Techno, House & Co, das **Bananas** zieht vor al-

Achtung, ›zentral‹!

Playa del Inglés ist das lebendigste Fleckchen der Kanaren, auch abends und nachts kommt es kaum zur Ruhe. Wer mit Familie anreist oder für sich lieber ruhig wohnen möchte, der sollte beim Budget nicht knausern oder auf andere Orte (z. B. Maspalomas) ausweichen. Gerade die 3-Sterne-Anlagen liegen oft an den Hauptstraßen und versprechen bereits im Prospekt eine ›zentrale Lage!‹.

lem junge Leute an. Wer es ein wenig entspannter will und Rock mag, muss einfach das **Hard Rock Gran Canaria Café** (Av. Alféreces Provisionales 27, Tel. 928 76 78 14, www.hardrock.com/grancanaria, tgl. ab 12 Uhr) besuchen, das mit Rock-Devotionalien geschmückt ist, einen pinkfarbenen Cadillac auf der Terrasse stehen hat und jedes Wochenende zu Live-Musik teils internationaler Rock-Größen einlädt.

Centro Insular de Turismo: Centro Comercial Yumbo, Tel. 928 77 15 50, Fax 928 76 78 48, www.turismo.maspalomas.com, Mo–Fr 9–20, Sa bis 13 Uhr. Allgemeine Infos zu den Touristenzentren und zur ganzen Insel. Keine Unterkunftsvermittlung.

In Playa del Inglés, San Agustín, Maspalomas und Puerto Rico sind die meisten Unterkünfte fest in den Händen der Pauschalveranstalter. In der Saison ist es schwer, individuell eine freie Bleibe zu ergattern. Mit etwas Glück gelingt dies über Zimmervermittlungsdienste (s. u.). Generell sollte man mit einem Preis ab 40 € für ein DZ oder Apartment rechnen.

Apartamentos Tivoli: Av. de Madrid 6 und 12, Tel. /Fax 928 77 03 16. Kleine, ansprechende Apartments ab

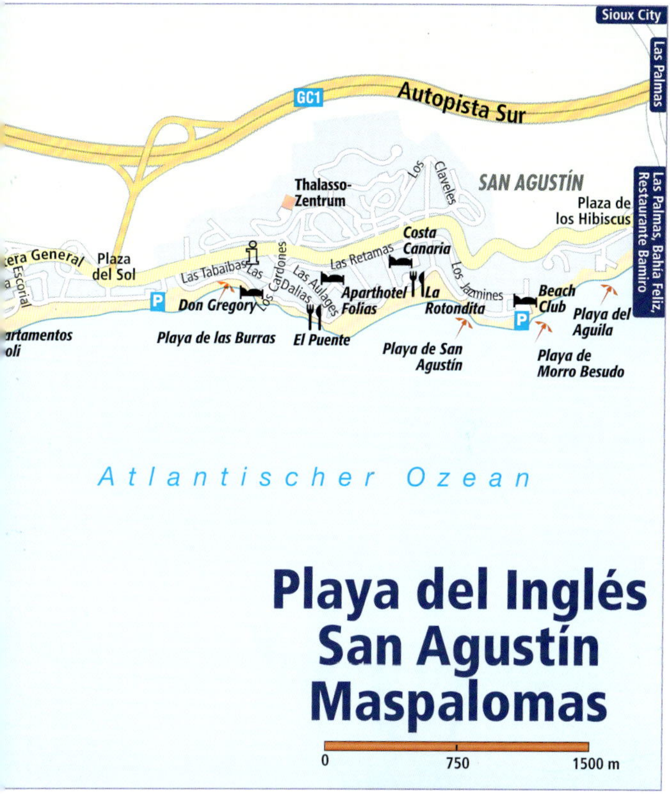

190 €/Woche mit Balkon auf einem Grundstück mit Pool und Blumenlandschaft.

Appartement Service S.L.: Michael Eder, Alfereces Provisionales 4, Tel. 928 76 23 40, Fax 928 76 51 03, assl@step.es. Zimmer und Apartments im gesamten Inselsüden (ab 42 €), auf Anfrage werden auch Unterkunftslisten zugemailt.

Apartamentos Barbados: Av. Tirajana 17–19, Tel. 928 76 04 26, www.servatur.com, 315 €/Woche. 91 saubere und gepflegte Doppel-Apartments verteilen sich auf zwei beige-weiße Gebäude, die Rezeption befindet sich im Souterrain. Ausstattung:

Konkurrenz lässt Preise purzeln

Preiswert speist, wer in die Zentren abtaucht. Sowohl am Paseo Maritimo als auch in den zahlreichen Shopping-Komplexen ist die Konkurrenz so groß, dass zwar die Speisekarten ähnliche Preisniveaus aufweisen wie außerhalb, Sonderangebote und *special hours* jedoch fast immer die Reisekasse entlasten. Einfach umherschlendern und sich eher von den Tafeln als von den oft aufdringlichen Schleppern leiten lassen.

2 Pools mit Snack Bar, mehrere Restaurants, Waschsalon.

Casas Pepe: Av. de Bonn 1, Tel. 928 76 28 18, Fax 928 76 60 97, www.casas-pepe.com, ab 75 €.

Apartmentanlage unter deutscher Leitung direkt an der Strandpromenade in ruhiger Lage. Die möblierten Einheiten (50 m^2) mit Kochecke haben z. T. Meerblick; mit Pool und schönem Garten – *der* Tipp in dieser Preisklasse.

Sahara Playa: Av. Alféreces Provisionales 1, Tel. 928 76 29 00, Fax 928 76 29 14, DZ ab ab 58 € (Halbpension) bzw. 83 € (all inclusive).

Älteres Haus in Gehweite zum Strand mit vorwiegend jungem Publikum. Nette Animationen am Pool, gutes Buffet, auch für Nicht-Gästen zugänglich.

Quad Safaris – Action pur

Gran Canaria – das Offroad-Paradies: manche leihen sich einen Jeep Wrangler, andere eine XTZ 660. Spaß pur garantiert eine organisierte Safari mit Quads. Die an Aufsitz-Rasenmäher erinnernden Gefährte machen zunächst einen eher albernen Eindruck, der Fahrspaß jedoch ist gewaltig. In Kleingruppen tobt man durch staubige Barrancos und Flussbetten sowie über luftige Höhenkämme, immer geführt von einem, der sich auskennt und notfalls Hilfe leisten kann. Mitzubringende Accessoires: Sonnenbrille und Halstuch gegen Staub und UV, festes Schuhwerk und lange Hose (Infos: Free Motion, Av. Alfereces Provisionales, Hotel Sandy Beach, Tel. 928 77 74 79, www.free-motion.net, 65–90 € für 2–3 Std.).

Hotel Buenaventura Playa: Plaza de Ansite/Calle Ganigo 6, Tel. 928 76 16 50, Fax 928 76 83 48, www.lopesanhotels.com, ab 71 €.

Wer in diesem lebhaften Hotel (724 Zimmer) wohnt, braucht keine Ruhe, sondern hat es gerne laut und aufregend, liebt lange Nächte, sucht Anschluss und *action*. Die Zimmer sind in Wohn- und Schlafbereich unterteilt und etwa 40 m^2 groß. Die Anlage verfügt über Pools, Tennisplätze, Boutiquen, Bars, Restaurants, eine Disco und eine Tauchschule. Für reichlich Abwechslung und gegenseitige Kontaktaufnahme sorgt ein Animationsteam.

Hotel Sandy Beach: Av. Menceyes, Tel. 92872 40 00, Fax 928 72 40 08, www.sandybeach.es, DZ ab 120 €.

Gut geführtes Vier-Sterne-Haus unweit des Strandes. Die Zimmer wurden in den letzten Jahren renoviert und bieten besten Gegenwert fürs Geld. Das überzeugende Sportangebot rund um den Pool hält für jeden Urlauber etwas bereit – *die* Empfehlung für alle, die in diesem Preisrahmen mitten in Playa wohnen möchten.

Vital Suites: Av. Gran Canaria 80, Tel. 928 73 02 33, Fax 928 73 19 30, www.hotelesdunas.com/de, DZ ab 95 €.

Kleine Oase am Rand von Playa mit fantastischem Blick über Golfplatz, Dünen und Atlantik. Wellness-Center im maurischen Stil, schöner Pool; das Haus zählt zur Steigenberger-Gruppe.

Bei der unübersehbaren Zahl an Restaurants kann nur eine Auswahl vorgestellt werden:

Centro Comercial Yumbo: Hier finden sich auf mehreren Etagen Restaurants, Bars, Cafés, Discos und Geschäfte. Einige ›Iss-so-viel-wie-Du-kannst‹-Restaurants bieten entsprechende Mega-Buffets an.

Las Camelias: Av. de Tirajana 15, Tel. 928 76 02 36, www.buffetlascamelias.com, 12–23 Uhr.
Auch hier gibt es ein Riesenbuffet zum Festpreis von 12 €, Kinder 6 €.

Paseo Marítimo: Der Restaurant-Tempel an der Promenade vereint ebenso mehrere gastronomische Betriebe unter einem Dach, von denen fast alle deutsche Namen tragen. Im ›Café Mozart‹, im ›München‹ und im ›Frankfurt‹ kann man sich beim deutschsprachigen Fernsehprogramm und ›heimischer‹ Küche wie zu Hause fühlen. Am Wochenende wird man über die aktuellen Resultate der deutschen Bundesliga informiert.

Bali: Av. de Tirajana/Av. de Bonn, Tel. 928 76 32 61, www.restaurantebali.com, tgl. ab 12.30 Uhr, Vorspeisen ab 2 €, Hauptgerichte ab 5 €, Spezialität: Reistafel, für 2 Pers. 25 €.
Wer der drangvollen Enge der ›Futterkrippen‹ entfliehen will, sollte sich in die vielfältige kulinarische Welt Indonesiens entführen lassen.

Mesón San Fernando: C./ Marcial Franco, Bloque 4, Tel. 928 76 09 80, 12–24 Uhr, Gerichte um 15 €.
Authentisches Lokal mit guter kanarischer Küche zu günstigen Preisen. Leider etwas außerhalb gelegen, und zwar am nördlichen Ende der Av. Tirajana in San Fernando hinter dem Kreisverkehr rechts.

Los Porches: Av. Alemania 16.
Individuell geführtes Lokal in einer Seitenstraße, einfache Einrichtung, schmale Terrasse, freundliche Bedienung, köstliche Gerichte. Neben klassischen ›Touristentellern‹ gibt es auch spanische Spezialitäten (z. B. Seezunge vom Grill für 14 €).

Gute Aussichten

Blick auf die Dünen gefällig? Vom Zipfel des Felssockels hinter dem Riu Maspalomas (zugänglich ab Plaza Fuerteventura) genießt man die beste Aussicht auf die ›Sahara Gran Canarias‹. Fotofreunde nutzen die letzte Stunde vor Sonnenuntergang, wenn die Abendsonne minütlich andere Schattierungen hervorruft.

Problemlose lokale **Busverbindungen** innerhalb der Costa Canaria, weiter via Maspalomas mit allen wichtigen Orten der Insel.

Ziele in der Umgebung

Ein **Abstecher in die Berge** lohnt immer, vor allem wenn zudem so nah: die Straße nach Fataga ermöglicht schon nach wenigen Kilometern weite Blicke und das Gefühl der Abgeschiedenheit (s. auch El Mundo Aborigen, S. 55).

Wer eher authentische Wochenmärkte mag, bei denen die Zahl der Insulaner die der Touristen übersteigt, sollte sich Do nach **Agüimes** aufmachen (s. S. 42).

Pozo de Izquierdo (G 7)

Jeder Windsurfer hat davon gehört – die Küste hier zählt zu den Nirvanas der Windanbeter. Der ganzjährig zum Surfen geeignete Abschnitt richtet sich vor allem an Experten (Wellenbrechung 3–4, Windstärke 7–8), das Gebäude des Centro Internacional de Windsurfing erzählt von den zahlreichen Weltcuprennen, die hier ausgetragen werden.

Ansonsten ist Pozo de Izquierdo ein staubiges Fleckchen, eher schmucklos, und bietet kaum Unterhaltendes.

Freizeit im Park

Gran Canarias Natur bietet reichlich Sehenswertes für jeden Geschmack – doch immer mehr Urlauber vergnügen sich in den zahlreichen Freizeitparks, die vor allem im Süden anzutreffen sind. Im Sommer, wenn die Sonne brennt, versprechen die Wasserparks in und bei Maspalomas kühles Nass (s. S. 69), mit subtropischer Vegetation und zahlreichem Getier lockt der Palmitos Park (s. S. 70). Bei San Agustín liegt die Westernstadt Sioux City mit Rodeo- und Stuntshow (s. S. 91), diverse Kartstrecken (s. San Agustín, S. 91) vermitteln Formel 1-Feeling und im Parque de Cocodrilos (Agüimes, s. S 42) sowie dem Reptilandia (Gáldar, s. S. 57) können Krokodile gefüttert werden.
Bei allem Spaß: Die Urlaubskasse belastet ein Besuch oft nicht unerheblich – doch vor allem Kinder können sich der Faszination der überall ausgelegten Prospekte nur schwer entziehen …

Sport und Strände

Centro Internacional de Windsurf: Playa Pozo Izquierdo, Tel. 928 12 14 00, www.pozo-ciw.com. Windsurfzentrum mit allem, was des Surfers Herz begehrt. Angeschlossen ist auch eine Herberge, in der man für 18 € im Schlafsaal (8 Betten) übernachten kann. Zudem werden günstige Mahlzeiten serviert – Lunch bzw. Dinner kosten nur 7,50 €.

El Viento: Avda. Punta Tenefe 2, Tel. 928 12 10 52, um 15–20 €.

Das direkt vor dem Surfrevier auf den Klippen am Meer gelegene ›Wind‹ ist Surfer's Paradise, Treff der Szene, und bietet außer Panorama satt gute und relativ günstige Küche.

Puerto de las Nieves (B/C 2)

Das 500-Seelen-Nest Puerto de las Nieves lebt vom Fischfang und den Touristen, die den Hafen von Agaete zum beliebten Ausflugsziel erkoren haben. Nicht nur am Wochenende strömen Ausflügler vor allem aus Las Palmas herbei, um in zahlreichen Fischrestaurants einzukehren. So ist es bisweilen schwierig, in den Strandlokalen einen freien Platz zu ergattern, und selbst die Kamele und Esel, die von hier aus Touristen herumschaukeln, sind dann alle besetzt.

In der Bucht von Puerto de las Nieves

Sehenswert

Direkt am Parkplatz gegenüber der Hafenpromenade erhebt sich die **Ermita de las Nieves** in strahlendem Weiß. Das hübsche Kirchlein, das der Dorfheiligen Virgen de las Nieves geweiht ist, birgt einen der wertvollsten Kirchenschätze der Insel: einen dreiteiligen Altaraufsatz, der 1533 von Flandern hierher gebracht wurde.

Geöffnet ist die Kirche nur am Sa ab 16.30 (während der Messe), So 11–13 und 15–17 Uhr, doch gegenüber im Haus Nr. 2 wohnt der Küster Antonio, der interessierten Besuchern für ein kleines Trinkgeld bereitwillig die Pforte öffnet.

Feste & Unterhaltung

Am 16. Juli wird das Fest zu Ehren der Schutzheiligen der Fischer, **Nuestra Señora del Carmen,** gefeiert.

Oficina de Información Turística: Calle Nuestra Señora de las Nieves 1, 35480 Puerto de Las Nieves, Tel. 928 55 43 82, Fax 928 89 86 05, Di–Fr 10–16, Sa bis 12 Uhr.

Hotel Puerto de las Nieves: Tel. 928 88 62 56, Fax 928 88 62 67, www.hotelpuertodelasnieves.es, DZ ab 80 €.
In architektonischer Hinsicht eher langweiliges Hotel, das aber im Innern hält, was die Preise versprechen: Die modernen Zimmer, mit viel Holz geschmückt, strahlen Behaglichkeit aus, haben teils Balkon oder Terrasse; angeschlossen ist ein elegantes Restaurant sowie ein geschmackvolles Wellnes-Center.
Hotel El Cabo: C./Antón Cerez, 20, Tel. 928 88 75 20, Fax 928 88 75 21, www.hotelelcabo.com, DZ 65 €.
Neues kleines Hotel mit blitzblanken,

aber sterilen Zimmern und großer Dachterrasse mit Blick auf Hafen und Berge.

Am Hafen gibt es zahlreiche Restaurants, die sehr touristisch aufgemacht sind. Den besten Fisch gibt es im Restaurant der Fischervereinigung: **Cofradia de Pescadores**, leider eher ungemütliches Ambiente.
Restaurante Dedo de Dios: Puerto de las Nieves, an der alten Mole, tgl. 10–24 Uhr, um 15–20 €.
Den schönsten Ausblick auf die Steilküste genießt man durch die Fenster dieses Restaurants. Interessante Decke aus hängendem Farn, leider desinteressierte Bedienung.

Per **Pkw** entweder von Süden über die kurvenreiche Küstenstraße oder via Gáldar über die GC-2.
Autofähre nach Santa Cruz de Tenerife tgl. 9, 16, 18, 19.30 Uhr, Überfahrt 1–1,5 Std., 43 €. Tickets sind in den Reisebüros der Touristenzentren im Süden erhältlich sowie online über www.fredolsen.es.

Ziele in der Umgebung

Von Puerto de las Nieves bieten sich Ausflüge nach **Gáldar** (s. S. 56), Agaete und ins angrenzende **Valle de Agaete** (s. S. 41) an.

Highlight

Puerto de Mogán (B 7)

Dort, wo sich der subtropisch grüne und von steilen Felsflanken gesäumte Barranco de Mogán zum Meer öffnet, liegt dieser um 1985 aus einem winzigen Fischerdorf hervorgegangene Ferienort (500 Einwohner). Mit seiner niedrigen Bebauung im kanarischen Stil ist es das mit Abstand schönste Urlaubszentrum der gesamten Insel.

Auch ein Strand sowie ein kleiner Yachthafen sind vorhanden, das Ambiente ist angenehm maritim. So zumindest direkt an der Küste, denn die Gründertage sind längst vorbei, und entsprechend sind im Hinterland auch hier nun all jene Fehler wiederholt worden, die der Costa Canaria in großen Abschnitten ein einheitliches Betonbild verpasst haben: Die Hänge sind mit Apartment- und Hotelanlagen ›zugepflastert‹, und wer Puerto de Mogán noch von vor etwa zehn Jahren kennt, wird angesichts dieser Entgleisungen bitter enttäuscht sein.

Sport & Strände

Overschmidt Sail & Surf: Puerto de Mogán Apto. X-54, Tel./Fax 928 56 52 92, www.segelschule-grancanaria.de.
Das Wassersportzentrum bietet Windsurfkurse (5 Tage, 162 €), Segelkurse (5 Tage, 230 €) sowie Yachtskipperkurse, die alle mit international anerkannten Zertifikaten abschließen. Aber auch der bereits ausgewiesene Skipper kann hier ab 2000 €/Woche Segelyachten chartern, insgesamt stehen sieben verschiedene Bootstypen zur Auswahl.
Yellow Submarine: am Ende der Mole, Tel. 928 56 51 08, www.atlantida-submarine.com.
Eine besondere Attraktion ist eine 40-minütige Fahrt mit dem U-Boot ›Yellow Submarine‹, das 15 m tief ins Meer abtaucht (28 €/Person, Kinder 50 %, zwischendurch Sonderfahrten für 21 €). 8 Fahrten täglich sowie weitere bei genügender Anzahl Interessenten. Kostenloser Buszubringer ab Playa del Inglés.

Am Yachthafen von Puerto de Mogán lässt es sich geruhsam flanieren

MARMAR
MAMA

Der graue Kiesstrand der **Playa de Mogá** ist zum Baden gut geeignet, da er vor Wellen geschützt ist.

Schöner präsentiert sich die felsgefasste **Playa del Diablito** (auch Playa del Taurito) weiter östlich bei den Hotels Taurito Princess und Suite Princess, die zudem über riesige, öffentlich zugängliche Pool-Anlagen verfügen.

Mit dem Boot kann man die westlich angrenzende **Playa de Veneguera** anfahren. Der Strand liegt sehr einsam und verfügt über keine Infrastruktur (s. S. 105).

Am Hafen vermieten Fischer auf Anfrage Boote zur **Playa de Güigüí** (s. S. 75).

Einkaufen

Jeden Fr ist **Markt** (9–14 Uhr), dann schiebt sich meist Leib an Leib um den Hafen (viel Nippes, manch Originelles).

Ausgehen

Spektakuläres ist nicht zu erwarten in Puerto de Mogán, doch stilvoll ist es allemal, sich abends im Hafen aufzuhalten oder durch die gepflegten Gässchen zu schlendern. Viele Geschäfte halten bis in die Abendstunden die Türen geöffnet sodass Bummeln und Stöbern verbunden werden können.

Feste & Unterhaltung

Am **16. Juli** findet die **Fiesta zu Ehren der heiligen Carmen** statt, Schutzpatronin der Fischer des Ortes. Schön anzusehen sind die Bootsprozessionen zwischen Puerto de Mogán und Arguineguín.

Im **Sept.** gibt's **Jazz** zum Anfassen, Termine des Festivals im Fremdenverkehrsamt oder in der Lokalpresse.

Ein Informationsbüro gibt es nicht, aber sehr nützlich ist die Website www.puerto-de-mogan.com.

Von allen Ferienorten an der Küste hat man hier die größte Chance, als Individualreisender ein Zimmer, Apartment oder Studio zu finden. Neben den nachfolgend aufgeführten Adressen bieten zahlreiche Privatleute Unterkünfte an, die zumeist über die Bars am Ort vermittelt werden. Lohnend für die Zimmersuche ist der Stadtteil Lomo Quiebre, der sich unmittelbar am Ortseingang rechts den Hügel hinaufzieht, z. B.:

Pensión Eva: Lomo Quiebre 35,
Tel. 928 56 52 35, DZ ab 25 €.
Die zehn Doppelzimmer sind einfach eingerichtet. Es stehen zwei Gemeinschaftsküchen und eine große Sonnenterrasse zur Verfügung.

Pensión Lumy: Lomo Quiebre 21,
Tel. 928 56 53 18, Zimmer ab 32 €.
Hoch über dem Ortsteil Lomo Quiebre thront diese romantische Herberge mit vielen Treppchen, verwinkelten Gängen und gleich drei Dachterrassen (Traumblick). Die Zimmer (Gemeinschaftsbäder) sind schlicht und tipptopp gepflegt, jedoch z. T. ohne Fenster. Hier sei auf die Dachterrassen hingewiesen. Inselweit gibt es wohl keine Unterkunft in dieser Preisklasse, die dieser Pension atmosphärisch das Wasser reichen kann. Anfahrt: am ersten Kreisverkehr im Ort rechts den steilen Berg hinauf.

Apartmentvermittlung: Über Overschmidt Sail & Surf (s. S. 84) werden auch Apartments (ab 38 €), Ferienwohnungen (ab 43 €) sowie Zimmer (ab 24 €) vermittelt.

Apartamentos Puerto de Mogán:
Local X-124, Tel. 928 56 56 72,
www. apartamentosmogan.com, ab 45 €.
Vermittlung von freien Kapazitäten am Hafen oder Strand, im Hinterland sowie auf einer Finca. Gute, deutschsprachige Betreuung.

La Venezia de Canarias:
Tel. 928 56 56 00, Fax 928 56 57 14, www.laveneciadecanarias.net, Apartment ab 52 €.
Der Hafen wird von schmucken kleinen Häuschen gesäumt, in denen 80 komfortable, z. T. luxuriös ausgestattete Apartments vermietet werden (vor allem Block B4 und B3 im vorderen Bereich).

Hotel Club de Mar:
Tel. 928 56 50 66, Fax 928 56 54 38, www.clubdemar.com, Apartments ab 47 €, DZ ab 111 €.
Attraktiver zweigeschossiger Komplex am Yachthafen, freundliche Atmosphäre und komfortable Zimmer mit hübschem kanarischen Dekor. Nur im Sommer auch individuell zu buchen, im Winter meist von Pauschalurlaubern belegt. Gutes Restaurant, zwei Pools und eine Bar.

Hotel Cordial Mogan Playa: Avda de Canarias, Tel. 928 72 41 00, Fax 928 72 41 01, www.cordialcanarias.com, Apartments ab 64 €, Bungalows ab 80 €, DZ ab 110 €.
Neues Hotel mit 4,5 Sternen an der frisch errichteten Fußgängerzone, die ins Tal führt: weitläufige Anlage mit 950 Betten, extravaganter Architektur und schönem Wellness-Center.

In Puerto de Mogán locken vor allem am Hafen Dutzende hervorragender Restaurants – eine Auswahl:

Cantina Correlaejo: Hafenpromenade, Tel. 928 56 54 26.
Wohltuende Abwechslung bietet die mexikanische Bar am Ende der Promenade: Fingerfood, Snacks und Cocktails in nettem Ambiente.

El Faro: am Ende der Mole, Tel. 928 14 53 79, tgl. ab 10 Uhr, um18–25 €.
Auf der Rundterrasse über dem Meer kann man das einzigartige Panorama, die sanfte musikalische Untermalung, das angenehme Ambiente und das Essen genießen.

La Bodeguilla Juananá: Hafenpromenade, Local 390, Tel. 928 56 50 44.
In diesem urigen Ecklokal, mit allerlei Kunsthandwerk ausgestattet (auch Verkauf), sitzt man auf Weinfässern; allerbeste kanarische Küche – traditionell und *nouvelle cuisine* –, unzählige Käse- und Weinsorten.

La Caracola: Hafenpromenade, Tel. 928 56 54 86, www.seemuschel.com, tgl. ab 19 Uhr, Juni–Aug. geschl., ab 35 €.
In diesem Schlemmer-Restaurant mit nur 20 Plätzen wird nicht gekocht, sondern ›kreiert‹. Wer mag, kann dem Meister dabei zuschauen. Fraglos das beste Restaurant weit und breit – mit außerordentlich hohen Preisen.

Busverbindungen tgl. nach Mogán, mehrmals tgl. Richtung San Nicolás sowie halbstündlich nach Playa del Inglés.
Bis zu 8 x tgl. legen die **Boote** der Lineas Salmon nach Puerto Rico und Arguineguín ab.

Fisch so frisch ...

Wer eine eigene Küche hat und Fisch so richtig frisch mag, der kann die Pescadería nahe der zentralen Plaza von Puerto de Mogán aufsuchen – oder direkt am Hafen mit den Fischern reden. Gerne geben sie für vergleichsweise wenig Geld ihren Fang preis. Wenn man die einlaufenden Boote beobachtet und dann einfach um die zentrale Lagerhalle am Hafen herumschleicht, kommt man schnell mit den Fischern ins Gespräch.

Ziele in der Umgebung

Die Bergdörfer **Mogán** (B 6, 10 km, s. S. 73) sowie **Veneguera** (B 6, 17 km, s. S. 105) sind einen Besuch wert.

Puerto Rico (B/C 8)

Wie die Ränge eines blendend weißen Amphitheaters ziehen sich die Apartmentanlagen dieser Retortenstadt mit ca. 30 000 Gästebetten bis 120 m hoch ins steil ansteigende Landesinnere hinein. Am Meer umschließen sie eine halbmondförmige Sand- und Hafenbucht. Auch wenn die Bebauung etwas zu erdrückend ausfiel, so kann der Ort dennoch gefallen. Er rühmt sich, das größte Wassersportzentrum der Inseln zu sein. Puerto Rico kann nämlich gleich mit zwei Häfen aufwarten, dem Sport- und Yachthafen **Puerto Base** und dem **Puerto Escala** (außer für Segler auch für Surfer und Taucher). Sie schließen die Bucht zu den Seiten hin ab.

Seit einigen Jahren wird die westliche Folgebucht ausgebaut. Als erstes entstand die traumhaft schön angelegte Playa de los Amadores, danach zahlreiche Hotelanlagen mit Blick darauf. Auf dem Promenadenweg entlang der Küste sind es vom Strand nach Puerto Rico 15 Gehminuten.

Sport & Strände

Die **Playa de Puerto Rico** ist eine feine, weiße Sandfläche in einem geschwungenen Halbrund. Der künstlich aufgeschüttete Strand gilt als einer der schönsten der Insel. Weiter Richtung Puerto de Mogán lockt die **Playa de los Amadores** – ein ebenfalls künstlicher, halbrunder Strand von grandioser Schönheit und ebensolcher Frequentierung.

Bootstouren: In Puerto Rico und Puerto de Mogán starten zahlreiche Bootstouren (Zubringerbusse gibt es von allen Ferienzentren). Die Unterwasserwelt lässt sich bei einer Fahrt mit

Die Playa de Puerto Rico, einer der schönsten Inselstrände

Whale Watching

Die Gewässer der Kanaren sind die Heimat von rund zwei Dutzend verschiedenen Wal- und Delfinarten, und Puerto Rico ist Ausgangspunkt für Wal- bzw. Delfin-Beobachtungstouren. Die Chancen einen der bis über 25 m langen Meeressäuger im Rahmen einer solchen Tour zu Gesicht zu bekommen, sind gut. Doch auch, wenn sich kein Wal oder Delfin zeigen sollte, ist die Fahrt ein Erlebnis, und ein lehrreiches obendrein, denn auf allen Booten sind kundige Reisebegleiter dabei. Die Touren dauern rund 2–2,5 Std., kosten 29 € und starten am Hafen, wo man auch die Tickets kaufen kann, die Plätze können aber auch telefonisch reserviert werden. Anbieter sind u. a. **Multiacuatic** (Tel. 928 15 37 47, www.multiacuatic.com) sowie **Spirits of the Sea** (Tel. 928 15 00 10, www.dolphin-whale.com).

dem Glasboden-Katamaran **Aquarium Cat**, erkunden. Der Riesenkatamaran **Super Cat** sticht ebenfalls in See, klassischer geht es auf dem **Windjammer San Miguel** zu.

Segeln und Surfen: Surfer und Segler finden in Puerto Rico ideale Bedingungen vor. Das **Wassersportcenter Overschmidt** (s. S. 84) bietet Surf- und Segel- sowie Yachtskipperkurse, des weiteren Yachtcharter.

Kinder

Atlantida: Prolongación Av. Tomás Roca Bosch, Tel. 902 45 25 25, Eintritt Erw. 21,50 €, Kinder 16,50 €.

Neu eröffneter Wasserpark auf dem Gelände des ehemaligen Aquapark mit thematischer Anlehnung an die Legende von Atlantis.

Oficina de Información Turística: Avenida Mogán s/n, Tel. 928 15 88 04, Fax 928 56 10 50, Mo–Fr 9–13, 16–19 Uhr.

Zuständig ist auch das Touristenbüro in Playa del Inglés (s. S. 78).

Da auch in Puerto Rico die meisten Unterkünfte von Pauschaltouristen belegt sind, finden Individualreisende nur schwer eine Bleibe.

Aparthotel Puerto Azul: Tel. 928 56 05 91, Fax 928 56 10 28, Apartment ab 74 €.

Dieses Haus, sehr beliebt bei spanischem Publikum, ist auch individuell meist problemlos buchbar und liegt hoch über dem westlichen Ausläufer der Bucht. Das verspricht fantastische Panoramen von den geräumigen Terrassen der 370 Apartments aus, die knapp 60 m² groß und komfortabel eingerichtet sind. Ansonsten locken hier Einrichtungen wie Bar, Restaurant, Disco und Pool. Zur Playa pendelt ein Shuttlebus.

Hotel Marina: Playa del Cura, 1 km westlich, zu buchen über Playa del Cura Reisen, Carl-Metz-Str. 9, 76185 Karlsruhe, Tel. 0721-120 83 80, www.playa-del-cura.com, Apartments ab 89 €, man kann auch pauschal inkl. Flug buchen.

Relativ neues Hotel direkt am schönen, hellbraunen Strand. Moderne Architektur, großzügige Apartments mit Blick über die Bucht – das Marina ist bei Stammgästen vor allem beliebt wegen dem guten Buffet.

Aparthotel Marina Suites: Puerto Base s/n, Tel. 928 15 30 15, Fax 928 15 30 14, www.marinasuitesgrancanaria.com, DZ ab 126€.

Frei wie der Wind

Wer träumt nicht davon – sein Urlaubsziel von oben zu sehen. Auf Gran Canaria gibt es da mehrere Möglichkeiten. Komfortabel und rasant geht es mit dem **Helikopter** – **Islas Helicopters** (Tel. 928 15 79 65, www.islas-helicopters.com; man kann auch online buchen) bietet drei Rundflugpakete an. Die kleine Tour zeigt für 65 € in 10 Min. die Südküste, die »Tour Isla Grande« dauert 30 Minuten und bietet auch spektakuläre Sichten auf den Roque Nublo (165 €). Ungleich lebendiger ist das **Skydiven**. Für Anfänger als Einstieg bestens geeignet ist der Tandemsprung, bei dem der Einsteiger sich unter den Fluglehrer hängt. Sprünge kosten in Abhängigkeit von der Höhe (2000–3500 m) und der Anzahl der Teilnehmer zwischen 175 und 230 €. Auch spezielle ›Adrenalinschock‹-Sprünge werden angeboten, man kann die Sprungkunst erlernen (1950 €, mit Zertifikat), und wer bereits ein Zertifikat hat, springt für 35 €. Anbieter ist **Skydive Gran Canaria** (www.skydivegrancanaria.es) am Aerodromo bei San Agustín, Buchung auch über die Reisebüros in den Ferienzentren, der Bustransfer ist inklusive.

Neues Hotel am Yachthafen mit großen Apartments in extravaganter Architektur, vor allem die Poolanlage besticht durch ihre Weite, die endlos ins Meer zu laufen scheint. Vor allem bei Skandinaviern beliebt.

Don Quijote: Edificio Porto 11/12, Tel. 928 56 09 01, Di–Sa 14–23 Uhr, um 20 €.
In diesem rustikal bis anheimelnd eingerichteten Lokal gibt's Fisch vom Feinsten, vor allem Flambiertes und Paella; Ritter vor Windmühlen wird man allerdings vermissen.

La Paloma: Apartments Puerto Calma, Tel. 928 56 06 20, www.restaurantlapaloma.com, So–Fr ab 18 Uhr, Preise etwa 15–25 €.
Gepflegtes Restaurant spanisch-deutscher Küche mit großer Auswahl an Fleisch- und Fischgerichten sowie auch Pizzen. Am schönsten sitzt man draußen auf der großen, teils verglasten Veranda, wo man zudem eine weite Aussicht genießen kann.

Halbstündlich **Busse** nach Puerto de Mogán sowie nach Las Palmas, mehrmals tgl. nach San Nicolás. **Boote** der Gesellschaft Lineas Salmon legen ab dem Hafen Puerto de Escala bis zu 8 x tgl. nach Puerto de Mogán und Arguineguín ab.

Ziele in der Umgebung

Puerto de Mogán (12 km, s. S. 84) ist nicht weit und immer einen Ausflug wert. Durch den Bau der Autobahn verringert sich die Fahrtzeit nach **Maspalomas** (20 km, s. S. 69) beträchtlich – auch hier lohnt ein Tagesausflug an den Strand.

San Agustín (E/F 8)

Stadtplan: S. 78/79
Das Dreigestirn der Touristengroßstadt Costa Canaria findet in San Agustín seine Wurzel und nördliche Begrenzung. Mitten durch die Stadt rauscht die Autobahn, Shoppingzentren ersetzen den fehlenden Stadtkern. Optisch unterscheidet sich der Ferienort nur in

Nuancen von Playa del Inglés, das sich im Süden anschließt. Es dominieren in San Agustín die Apartmentanlagen, von denen es über 50 gibt.

Der Strand liegt wind- und wellengeschützt und zieht vor allem Familien und ältere Gäste an. Viele Rentner wählen den Ort als ruhiges Winterquartier. Im Gegensatz zu Maspalomas und Playa del Inglés führt das Nachtleben ein etwas stiefmütterliches Dasein.

Sehenswert

Sioux City: nordwestlich von San Agustín am Ende des Barranco del Aguila, Tel. 928 76 25 73, Di–So 10–17 Uhr, 16 €, Kinder 10 €.
Vor der Wildwestkulisse der Westernstadt wurden schon einige Filme gedreht, diverse Shows vertreiben die Zeit. Fr ab 20 Uhr ›Westernnight‹ mit Barbecue und Country-Musik.

Sport & Strände

Die rund 600 m lange und 40 m breite **Playa de San Agustín** wird durch einen Felsen in eine kleine südliche und eine große nördliche Bucht getrennt, hat feinen, aber dunklen Sand und ist ideal zum Baden geeignet. Die sich nördlich anschließende **Playa del Aguila** (700 m lang, 30 m breit) ist dagegen eher etwas für Freunde von Kiesstränden. Gen Süden schließt sich die helle Feinsandfläche der **Playa de las Burras** an, die in die Playa del Inglés übergeht.
Go-Kart-Bahn: am westl. Ende der Carretera del Sur, Tel. 928 15 71 90, 10–21 Uhr, 8 Min.18 €, Kinder 9 €, Jugendliche 12 €. Go-Kart-Fans werden von der mit 1650 m angeblich längsten Go-Kart-Rennbahn der Welt des **Gran Karting Clubs** begeistert sein. Es gibt Bahnen für Kinder ab fünf und Jugendliche ab zwölf Jahren.
Surfer zieht es zur Bahía Feliz und ihrem Club Mistral Canarias (Tel. 928 15 71 58, www.club-mistral.com). An der Playa del Aguila befindet sich das Surfcenter des **Surfweltmeisters** Björn Dunkerbeck (www.dunkerbeck-windsurfing.com, Fax 928 76 29 78).
Das größte Zentrum Europas für **Thalasso-Kuren** finden Wellness-Fans im Hotel Gloria Palace (Tel. 928 76 56 89; s. S. 31).
Fallschirmspringen: s. Tipp S. 90
Helikopter-Touren: s. Tipp S. 90
Reiten: Die Insel kann man hoch zu Ross erkunden, Ausritte organisiert u. a. die Rancho Grande in Juan Grande, Tel. 928 72 81 15.
Weitere Freizeitaktivitäten s. auch Playa del Inglés (S. 75) sowie Maspalomas (S. 69).

Ausgehen

Das Amusement by Night erschöpft sich auf **Spaziergänge** entlang der Promenade, den Besuch einiger **Bars** in den Shopping-Centern (kaum Originelles!) sowie auf die wechselnden Angebote in den Hotels. Daneben bietet sich

Beach Club

Der legendäre Beach Club wurde nach mehrjährigem Tiefschlaf wieder belebt und erfreut sich bester Gesundheit. Allabendlich trifft sich hier das elegante Volk zum Tanz und Schwof in feinster Umgebung bei Live-Musik. Immer präsent an Bord des Unterhaltungsdampfers – der ungetrübte Blick aufs Meer. Wer sich dann zuviel zugemutet hat, der kann hier auch übernachten (Plaza de los Cocoteros 2, Tel. 928 77 40 50, Fax 928 77 17 50, www.sanagustinbeachclub.com).

das **Casino** im Hotel Melía Tamarinda an (So–Do 21–4 Uhr, Fr/Sa 21–5 Uhr), neben Roulette und Baccara sorgen hier auch einarmige Banditen ggf. für Einbrüche in der Urlaubskasse.

Kinder

Sioux City, s. Sehenswert, **Go-Kart-Bahn** s. Sport & Strände

Oficina de Información Turística El Portón: Centro Comercial El Portón Local 11 , 35100, San Agustín, Tel. 928 76 92 62, www.turismo.maspalomas.com, Mo–Fr 9–16 Uhr.

Auch hier dominieren die von Pauschalveranstaltern belegten Unterkünfte.

Aparthotel Folias: Playa de San Agustín, Calle las Retamas 17, Tel. 928 77 40 26, Fax 928 77 40 63, www.aparthotelfolias.com, DZ 55 €.
Das Haus wird vorwiegend von skandinavischen Pauschalreisenden frequentiert, ist im Sommer jedoch meist problemlos individuell zu buchen. Die Apartments ab der zweiten Etage haben Meerblick; mit Pool.

Bahía Feliz: Tel. 928 15 79 53, www.bahiafeliz.eu. Mit Abstand das größte Angebot an Apartments im Strandabschnitt Bahía Feliz, hier kosten Apartments für bis zu 3 Pers. 399–737 €/Woche, solche für bis zu 5 Pers. 595–895 €/Woche. Auch Häuser werden vermietet (798–1120 €/Woche), und alle Unterkünfte haben Meerblick und einen hohen Komfortstandard.

Beach Club: Plaza de los Cocoteros 2, Tel. 928 77 40 50, Fax 928 77 41 50, www.sanagustinbeachclub.com, DZ ab 140 €.
Der ehemalige Nachtclub über dem Strand wurde um ein Hotel erweitert, aus den meisten Zimmern fällt der Blick auf das Meer, die größeren Deluxe-Rooms haben sogar Jacuzzis.

Hotel Costa Canaria: Playa de San Agustín, Calle las Retamas 1, Tel. 928 76 02 20, Fax 928 72 04 13, www.costa-canaria.com, DZ ab 122 €.
Überzeugendes Luxushotel mit internationalem Standard, allerdings sind hier Kinder unter 14 Jahren nicht erwünscht. Großer Tropengarten, Pool und vielseitiges Sportangebot. Für Spontanbucher gibt's vor allem in der Nebensaison oft Schnäppchenpreise. Tipp: Die Zimmer ab der dritten Etage haben schönen Meerblick.

Hotel Don Gregory: Calle las Dalias 11, Tel. 928 77 38 77, Fax 928 76 99 96, www.hotelesdunas.com/de, DZ ab 71 €.
Dieser von außen so graue Kastenbau ist eine Institution und bietet im Innern alles, was das verwöhnte Herz begehrt: höchst luxuriöse Zimmer, ab dem zweiten Stock mit Meerblick; direkter Zugang zum Strand. Eine Empfehlung für kostenbewusste Luxusreisende.

Gutes Essen und eine große Auswahl an verschiedenen gastronomischen Betrieben bietet **La Rotondita,** ein Vergnügungsrondell in Strandnähe. Hier laden u. a. ein Grillhouse, eine Pizzeria und das Deutsche Café (hausgemachte Torten und Tchibo-Kaffee) ein; abends regelmäßig Live-Musik.

El Puente: Calle las Dalias 3, Tel. 679 77 10 36, Di–So ab 18 Uhr, Gerichte um 15–25 €.
Ein Restaurant der persönlichen Art! Bei den außergewöhnlich guten Speisen kommt man schnell mit dem lustigen Personal ins Gespräch (man bestelle Mineralwasser und bekommt: Champagner light!). Zu empfehlen sind

vorweg Aïoli mit warmen Minibaguettes, danach die Seezunge vom Grill und als Dessert vielleicht köstliche flambierte Erdbeeren mit Eis. Vor allem abends schöner Blick über die Küste.

Restaurante Bamira: Calle Los Pinos. 11, Playa del Aguila, Tel. 928 76 76 66, www.bamira.com, Do–Di ab 18 Uhr, Gerichte um 25–35 €.

Kunst mit interessanter Küche in lockerer Atmosphäre zu verbinden ist die Philosophie der österreichischen Besitzer, deren Restaurant seit fast 20 Jahren eine Institution auf Gran Canaria ist. Die Atmosphäre ist gestylt, aber nicht aufgesetzt, und die Speisekarte lädt zu kulinarischen Abenteuern ein, etwa zu Rote Rübenconsommè mit Lammleber, Karotten-Ananassorbet, Langostino-Zitronenpickelcreme und anderen ausgefallenen Kreationen.

Sehr gute **Busverbindungen** innerhalb der Costa Canaria.

San Bartolomé de Tirajana (E 5)

Die Lage des Ortes zu Füßen eines mächtigen und von steil aufragenden Bergmassiven flankierten Kessels ist äußerst eindrucksvoll und hinreichender Grund für einen Besuch des Verwaltungssitzes des größten *municipios* von Gran Canaria. Die Zeit in der 1800-Seelen-Gemeinde scheint stehen geblieben, Hektik ist hier auf 880 m Höhe ein Fremdwort. In den kleinen Bars trifft man lediglich die Bewohner der Region, Tourismus ist dort ein kaum relevantes Thema.

Einkaufen

Bekannt ist der Ort für seinen **Sauerkirschlikör** aus Rum *(guindilla)*, den **Kirschwein** *(vino de guindo)*, die süßen **Mandeltörtchen** *(tartas de almendra)* und den deftigen **Käse** *(queso tierno)*.

San Bartolomé de Tirajana ist als Basis für Wandertouren bekannt

Bodega Vino Tinto: Kleine Bodega an der Hauptstraße mit interessanter Auswahl an Landweinen und Inselspezialitäten. Sa–Do 11–19 Uhr.

Feste & Unterhaltung

Am **24. Juli** wird ein großer **Viehmarkt** abgehalten. Die **Fiesta de Santiago** findet am **25. Juli** zu Ehren von Jakobus, dem spanischen Schutzheiligen, statt. Sie geht mit einer Wallfahrt zur Kapelle des Heiligen, Blumenprozessionen und Sportturnieren einher.

Bar/Pensión Santana: Calle Tamáran 10, im Zentrum an der Durchgangsstraße, Tel. 928 12 71 32, DZ 24 €.
Einfachste Zimmer ohne jeden Komfort, recht sauber, Etagenbäder. Wer nichts als ein Dach über dem Kopf sucht, mag hier unterkommen.

Hotel Las Tirajanas: Calle Oficial Mayor José Rubio, Tel. 928 12 30 00, Fax 928 12 30 23, www.paradiseresorts.es, ab 96 €.
Vor einigen Jahren neueröffnetes Berghotel außerhalb des Ortes auf 950 m Höhe mit fantastischem Blick über die Bergwelt. 60 Zimmer und Suiten verwöhnen teils mit Himmelbetten und immer mit Gediegenheit und großzügiger Atmosphäre, weitläufiges Restaurant, Konferenzräume, Pool, Fahrradverleih. Das Haus wird gerne von Wanderern als Basisstation genutzt und ist ab der Straße San Bartolomé–Fataga ausgeschildert (Mirador).

Wandern bei San Bartolomé

San Bartolomé gilt als ideale Basis für Wanderungen in der Bergwelt ringsum. Die Gemeindeverwaltung hat zehn Faltblätter mit Routenvorschlägen herausgegeben, die sich problemlos umsetzen lassen (erhältlich z. B. im Touristenbüro in Playa del Inglés). Wichtig: In den Beschreibungen taucht für San Bartolomé der alte Name auf: Tunte.

Bar Guanche: im Eckhaus gegenüber dem Kirchplatz.
Treff der Dörfler, einfach eingerichtet und in schwarzweiß gehalten. Ideal, um verschüttete Spanischkenntnisse bei einer Karaffe *vino* aufzufrischen.

Mehrmals tgl. fahren **Busse** nach Maspalomas, 1–2 x tgl. nach Tejeda via Ayacata sowie über Santa Lucía nach Vecindario.

Ziele in der Umgebung

Spektakuläre Felslandschaften und atemberaubende Panoramen verspricht eine Fahrt durch das Felsrund des **Barranco de Tirajana** Richtung Santa Lucía über schmale und abenteuerliche, aber noch mit normalen Fahrzeugen befahrbare Straßen (s. Tour 2, S. 110).

San Nicolás de Tolentino (A/B 4)

Das lebhafte Städtchen (8000 Einwohner, offizieller Name: La Aldea de San Nicolás) profitiert in erster Linie vom Tomatenanbau. Seinen eigenen Reiz entwickelt das Tal, wenn die Plastikbedeckungen der Kulturen im Abendrot aufleuchten. Ein Abstecher lohnt vor allem wegen der schönen Umgebung.

Sehenswert

Cactualdea: Tel. 928 89 12 28, tgl. 10–18 Uhr, 6 €.

An der Straße nach Mogán versteckt sich ein Paradies für Kakteenfans. Tausende dieser Gewächse gedeihen in dem Park, eine Guanchenhöhle, eine Arena mit diversen Veranstaltungen sowie eine Bodega runden den Besuch ab.

Feste & Unterhaltung

Das Fest **Nuestra Señora del Carmen** wird am **16. Juli** feierlich begangen. Zu Ehren der Schutzpatronin der Fischer wird eine Schiffsprozession veranstaltet.
Am **11. Sept.** findet die spektakuläre ›Schlammschlacht‹ **Fiesta del Charco** statt (s. Tipp-Kasten).

Oficina de Turismo de San Nicolás de Tolentino: Calle Doctor Flemming 57, 35470 San Nicolás de Tolentino, Tel. 928 89 03 78

Pensión Segundo: Calle Alfonso XIII, Tel. 928 89 09 01, DZ 30 €.
Die Pension an der Dorfkirche hat sehr einfache Zimmer, z. T. mit Balkon, sauber und korrekt.
Hotel Los Cascajos: Calle Los Cascajos, Tel. 928 89 11 65, DZ ab 38 €.
50 m neben der Kirche, 20 funktionelle Zimmer, mit Bar, das Hotel wird viel pauschal von Wandergruppen gebucht und gehört wie die Pension dem netten Señor Segundo.

Im Ort selbst überzeugt kein Restaurant. In Puerto de San Nicolas gibt es einige einfache, günstige Fischrestaurants.
El Puente: Das Restaurant 3 km vom Ort Richtung Agaete bietet gemütliches Flair, eine Aussichtsterrasse und köstliche *tapas* (ab 6 €).

Schlammschlacht Fiesta del Charco

Am 11. September im Jahre 1766 erwischte der damalige Bischof Delgado y Venegas das halbe Dorf San Nicolás beim Nacktbaden und bestrafte die ›Sünder‹ mit Exkommunikation. Das Dorf nahm es nur vorübergehend tragisch und erinnert sich seitdem an diesen Tag mit einem ausgelassenen Wasser- und Tümpelfest mit spontanen Schlammschlachten. Ein Riesenspektakel!

Mehrmals tgl. **Busse** nach Las Palmas (via Nordküste) und Maspalomas (via Südküste).

Highlight 11

Dine der schönsten Straßen der Insel führt von hier nach Agaete, immer an der Küste entlang. Sie verläuft meist in dramatischer Höhe über dem Meer, und es bieten sich immer wieder traumhafte Ausblicke über die zerklüftete Landschaft. Da Halten oder Parken an der Straße oftmals unmöglich ist, lohnt unbedingt ein Fotostopp am **Mirador del Balcón (A 4).** Weit schweift der Blick über die unendliche Szenerie.

Ziele in der Umgebung

Nach rund 6 km erreicht man **Puerto de la Aldea (A 4)**, wo noch ein wenig das typische Flair eines Fischerdorfes spürbar ist.
Einer der einsamsten Inselstrände, die **Playa de Güigüí** (s. S. 75), liegt nur wenige Kilometer entfernt und kann mit etwas Glück per Fischerboot erreicht werden.

Von San Nicolás führt eine 25 km lange, abenteuerliche Straße durchs Landesinnere an mehreren Stauseen vorbei nach **Artenara** (s. S. 47), dem höchstgelegenen Dorf der Insel. Die Straße ist bei vorsichtiger Fahrweise auch mit einem normalen Pkw zu bewältigen. Die Natureindrücke dieser Strecke sind einfach umwerfend (s. Tour 3, S. 110).

Santa Brígida (F 3/4)

Wer es sich als Canario leisten kann, lebt nicht in Las Palmas, sondern hier in Santa Brigida, nur 15 km von der Hauptstadt entfernt, jedoch 500 m höher und in einer ganz und gar entgegengesetzten Welt. Das Klima ist kühler, die Luft sauber, und altehrwürdige Familiensitze sowie moderne Villen geben diesem ansonsten üppig begrünten Ort seine charakteristische Prägung.

Einkaufen

Jeden Sa findet ab 11 Uhr ein **Kunsthandwerksmarkt** im Parque Municipal statt.

Feste & Unterhaltung

Zu Ehren des Heiligen Antonius von Padua wird am **13. Juni** ein Festreigen aus Pferderennen, Viehmarkt und kanarischem Ringkampf abgehalten.

Am **12. Okt.** gedenken die Bewohner der Abwehr des holländischen Seepiraten Van der Does im Jahre 1599 und begehen ein üppiges Fest.

Villa del Monte: Calle Castano Bajo 9, Tel./Fax 928 64 43 89, www.canary-bike.com, ab 70 €.
Schön restaurierte Villa mit Pool in einem kleinen Park mit 6 großzügigen Zimmern. Die deutsche Besitzerin Petra Wonisch kümmert sich gerne um die Gäste und bietet zudem Spanischkurse an.

Hotel Santa Brígida: Calle Real de Coello 2, Tel. 828 14 04 00, Fax 828 01 04 01, www.hecansa.com, DZ ab 74 €.
Etwas außerhalb an der Straße zum Pico de Bandama liegt dieses Nobelhotel inmitten eines schönen Parks. Mit elegantem Foyer, bis ins Detail herrschaftlich ausgestatteten Zimmern (klimatisiert), Fitnessraum, Sauna und Pool; Edel-Restaurant und Pub im englischen Club-Stil. Das Hotel dient zugleich als Touristik-Fachschule – so ist der Service, den die unzähligen studentischen Geister bieten, außergewöhnlich. Im bis in die Hauptstadt beliebten Restaurant sorgt der Chef für regelmäßige Abwechslung auf den Speiseplänen – nicht nur dann, wenn kulinarische Themen- oder Regionenwochen abgehalten werden.

Mister Croissant: Calle José Antonio 19, am Kopfende des Marktplatzes.
Neben Croissants und belegten Baguettes gibt's hier Gebäck, Törtchen und Eis im Stehen.

Bar Günther: Calle Tenderete.
Treff der reicheren Anwohner aus mitteleuropäischen Landen.

In den schlichten Restaurants entlang der Straße von Santa Brígida zum 15 km entfernten San Mateo sitzt man deutlich schöner als in den Lokalen des Ortes. Sie bieten allesamt gute und günstige kanarische Küche und sind geschätztes Ausflugsziel der Städter aus Las Palmas. Wer zudem Gemütlichkeit sucht, sollte das **El Martel** aufsuchen, das ausgeschildert ist.

Las Grutas de Artiles: etwas außerhalb an der Straße nach Las Melegui-

nas, Tel. 928 64 05 75, tgl. 11–24 Uhr, Gerichte um 25 €.
Tolle Anlage, in der man in Grotten ›unter einem Lavastrom‹ zu speisen pflegt, mit schönem Biergarten unter alten Bäumen; die Speisen sind traditionell kanarisch und recht opulent, auch das Auge isst mit. Die Preise sind hoch, aber adäquat.

Busverbindungen nach Las Palmas und Telde.

Ziele in der Umgebung

Von Santa Brígida bieten sich Ausflüge nach **Ayacata** (s. S. 51), zum **Pico de Bandama** (s. S. 51), zum **Jardín Canario** (s. S. 59), nach **Telde** (s. S. 101) oder **San Mateo** (s. S. 104) an.

Santa Lucía (E 6)

Blumengärten, Obstbäume und Palmenhaine prägen diesen Ort in romantischer Lage auf einer Felsterrasse über dem schroffen Barranco de Tirajana. Wie weiße Tupfer liegen die gepflegten, alten Bauernkaten da, die Kuppelkirche wirkt aus der Ferne wie eine Moschee.

Sehenswert

Museo Fortaleza: Calle Los Alamos, tgl. 9–13, 16–18 Uhr, Eintritt 2 €.
Das kleine Privatmuseum beherbergt eine umfangreiche archäologische Sammlung zur Inselgeschichte. Es zeigt u. a. Werkzeuge, Tonsiegel, Amulette, Keramikwaren der Altvorderen und eine römische Amphore aus dem 3. Jh.

Feste & Unterhaltung

Am **29. April** findet in Santa Lucía und an der Fortaleza Grande die **Fiesta de Ansite** statt. Das Fest will an die Ereignisse im Jahre 1483 erinnern, als sich die letzten Altkanarier den spanischen Eroberern ergaben.

Restaurante Hao: Calle Los Alamos, am Museo Fortaleza, Tel. 928 79 80 07, tgl. 9–19 Uhr, Gerichte ca. 15–25 €.
Der burgähnliche gestaltete Bau dieses Restaurants ist unübersehbar. Er liegt auf der Route vieler Bustouren. Entsprechend geschäftig und pauschaltouristisch geht es zu, doch das Ambiente ist urig (Tische und Stühle aus Baumstümpfen, ein Palmwedeldach bietet Schatten) und die Speisen typisch kanarisch. Empfehlungen des Hauses sind u. a. *papas arrugadas* mit *mojo*, *queso tierno* (kanarischer Weichkäse) sowie das Filetsteak Hao.

Busverbindungen nach Vecindario.

Ziele in der Umgebung

Dattelpalmenhain (E 6, ca. 1,5 km): Bei den Weilern Casas Blancas, Los Silos und Ingenio unterhalb des Ortes erstreckt sich eine Oase aus großen Hainen Kanarischer Dattelpalmen, die man am besten wandernd erkunden sollte: Man durchquert den Ort Richtung Agüimes und biegt nach rechts ein zum bald erreichten Ingenio. Von dort führt ein Schotterweg zurück nach Santa Lucía. Von Ingenio führen schöne Spazierwege ins Grüne.
Fortaleza Grande (F 6, ca. 2,5 km): Folgt man der Straße von Santa Lucía Richtung Agüimes, zweigt nach ca. 2 km eine Straße (Beschilderung ›La Sorrueda‹) nach rechts ab, die schließlich hinter dem Dorf zur Fortaleza Grande führt. Die beeindruckende Felsgruppe gilt als die letzte Bastion der Altkanarier gegen die Spanier. Klettert man hinauf, ist bald eine Höhle erreicht,

Die ›Blumenkäse‹ werden von Hand geformt

durch die man durch den Felsen hindurch zur anderen Seite gelangt. Erklimmt man auch die Felsspitze (nicht ungefährlich!), steht man auf historischem Boden: Hierher zogen sich der Legende nach die letzten freien Altkanarier im Kampf gegen die Spanier zurück.

Santa María de Guía (D 1/2)

Die ›Bananenstadt‹, die mit dem Nachbarort Gáldar zusammengewachsen ist, präsentiert sich laut, hektisch und ein wenig schmuddelig. Käseliebhaber sollten dennoch in Guía Halt machen, bevor sie zur Kultstätte der Altkanarier, Cenobio de Valerón, weiterfahren. Eine inselweite Spezialität, der ›Blumenkäse‹ *(queso de flor),* wird hier nämlich hergestellt und ist in vielen Geschäften erhältlich.

Einkaufen

In vielen Läden din Santa María kann man den berühmten **queso de flor** aus Schafs- oder Ziegenmilch erstehen. Sein besonderes Aroma verdankt er der Zugabe des Blütensaftes einer Artischockenart.

Feste & Unterhaltung

Im **Mai** ist alles Käse – da feiert Guía seinen **queso de flor** mit einem großen Fest, auf dem Markt ist gratis Probieren obligatorisch.

Información Turística de Santa María de Guía: Calle Canónigo Gordillo 22 , 35450, Santa María de Guía, Tel. 928 88 36 81, Mo–Fr 9–14 Uhr.

Albergue Juvenil: Avenida de la Juventud, Tel. 928 55 56 85, www.santamariadeguia.es/turism/htm (dann ›Alojamientos‹ an-

klicken), 6 €/Pers., 9 € mit Frühstück, 20 € mit Vollpension.
Einzige Jugendherberge der Insel, mitten im Ort südlich der zentralen Plaza gelegen. Vorwiegend 3- und 4-Bett-Zimmer, reiches Sportangebot (Sportplatz, Schwimmbad), auch Nichtmitglieder können gegen zusätzliche Gebühr übernachten. Ab Ortseingang den Schildern folgen, die Herberge liegt dann am Ende des Sträßchens, das hinter der kleinen Brücke nach links abzweigt.
Von hier ist es nicht weit zum Landhotel **Hacienda de Anzo** (s. Gáldar, S. 57).

Viele Restaurants in Guía servieren die Käsespezialität *queso de flor* in Form von Tapas. Beste Adresse ist **Los Quesos**, eine kleine Kneipe mit Käseladen, wo man Käse nicht nur kaufen, sondern auch kosten kann.
Fischrestaurants finden sich im Nachbarort Gáldar (s. S. 56) sowie an der Küste in den Dörfern El Roque und San Felipe sowie Sardina del Norte.

Regelmäßig fahren **Busse** nach Gáldar und Las Palmas.

Sardina del Norte (C 1)

Nordöstlich von Gáldar liegen der Küstenort Sardina (500 Einwohner) und die Playa de Sardina. Allzu viel Ästhetik aus baulicher Sicht sollte man nicht erwarten, die entspannte Atmosphäre steht im Vordergrund. Einige Fischrestaurants, deren Besitzer jedoch öfter mal wechseln, haben sich einen guten Ruf erworben und locken Einheimische aus der gesamten Umgebung in den Ort.

Eine Asphaltstraße zweigt zum Kap Punta de Sardina ab. Dort genießt man am Leuchtturm die wunderbare Aussicht und das Donnern der Brandung in der Tiefe. Hier können auch Apartments gemietet werden, die gerne durch Wellenreiter (ideale Bedingungen an dieser Küste) belegt werden.

Bar Terraza El Ancla: zentral gelegen an der Mole.
Einfaches Lokal mit nettem Blick, das an eine befestigte Strandbude erinnert, preiswerte Fischgerichte ab 10,50 €.
Restaurante Marisquería La Fragata: Playa de Sardina, am nördlichen Buchtende, Tel. 928 88 32 96, www.restaurantelafragata.net, Do–Mo, Gerichte ca. 20–35 €.
Angeschmuddelt wirkendes, vor allem bei Spaniern beliebtes Edelrestaurant unter französischer Leitung. Der Blick aufs Meer ist ›Gold wert‹, die Einrichtung ›kolonialzeitlich‹, doch das größte Plus sind die Meeresfrüchte- und Fischgerichte, von denen man selbst in Las Palmas schwärmt. Der Speiseplan variiert nach dem täglich frischen Fang.

Busverbindungen stündlich mit Gáldar.

Tejeda (D 4)

Der Ort im Bergland von Gran Canaria ist ideales Feriendomizil für naturbegeisterte Urlauber. Auf rund 1050 m Höhe schmiegt er sich an die Felswand des Barranco de Tejeda. Die imposanten Monolithen des Roque Nublo und Roque Bentaiga bilden eine grandiose Kulisse. Das von Mandelbaumterrassen umgebene Tejeda verfügt über eine gute Infrastruktur und eignet sich hervorragend als Ausgangspunkt für Wanderungen und Ausflüge in die Hochgebirgswelt der Insel (s. Tour 3, S. 112). Wer nach anstrengenden Wanderungen

Erfrischung sucht, der findet im zentralen Freibad des 2000-Seelen-Dorfes das ersehnte Nass.

Sehenswert

Museo de Tradiciones: Calle Párroco Rodriguez Vega 6, Di–Fr und So 11–16 Uhr, Sa bis 15.30 Uhr. Diese mit viel Liebe gestaltete Ausstellung will einen Eindruck vom Leben auf Gran Canaria in der Vergangenheit vermitteln, multimedial wird auch die Zeit vor Eroberung der Insel durch die Spanier zum Leben erweckt.

Centro de Plantas Medicinales: Calle Párroco Rodriguez Vega 10, www.plantasmedicinalescanarias.com, Di–So 11–16 Uhr. Das ›Medizinpflanzenzentrum‹ ist die vielleicht ausgefallenste Ausstellung der Insel: Es dreht sich alles um das Sammeln und Züchten von Heilkräutern, man kann den ›Kräuterhexen‹ auf die Finger gucken, viel Interessantes lernen, natürlich Kräutertee trinken und ansonsten u. a. eine originalgetreu erhaltene Apotheke aus dem vorletzten Jahrhundert bewundern.

Einkaufen

In Tejeda dreht sich alles um **Mandeln.** Lokale Spezialitäten sind Mandeltörtchen, Mandelmus und *bienmesabe*, eine Nachspeise aus Honigmarzipan.

Feste & Unterhaltung

Almendro en Flor – jedes Jahr **Ende Jan./Feb.** feiert Tejeda das größte Dorffest von Gran Canaria: das Mandelblütenfest. Volle zwei Wochen lang gibt es täglich ein anderes Programm, immer zum Thema: ländliches Leben in den Bergen.

Oficina de Turismo de Tejeda: Calle Leocadio Cabrera, 35360 Tejeda, Tel. 928 66 61 89, www.tejeda.es, Mo–Fr 11.30–15.30, Sa/So bis 14.30 Uhr.
Im Museo de Esculturuas eingerichet, das Gemälde ausstellt.

In den lokalen Bars kann man nach **Privatzimmern** fragen, die beste Informationsquelle ist aber die Website des Touristenbüros: Dutzende Landhäuser sowie Apartments werden in und um Tejeda privat vermietet.

Hostal Tejeda: Calle Hernández Guerra 19, Tel. 928 66 60 55, DZ 25 €. Schlichte Zimmer mit Bad, manche mit einem tollen Roque-Panorama; für Reisende mit niedrigen Ansprüchen. Im Haus befindet sich ein gutes Bar-Restaurant.

Apartamentos Gayfa: Cruz Blanca 34, Tel. 928 66 62 30.
Das Restaurante Gayfa (kein Hinweisschild auf die Apartments) an der unteren Dorfstraße vermietet mittlerweile neun moderne, top eingerichtete Apartments (Küche aus Massivholz etc.), alle mit Balkon und die meisten mit herrlichem Bergblick (ab 35€).

Im Restaurant des **Hostal Tejeda** (s. o.), im Restaurante **Gayfa** (s. o.) und in der **Cueva de la Tea** an der unteren Hauptstraße isst man jeweils gut und günstig.

El Labrador: Tel. 928 66 65 45.
Kleines Restaurant gegenüber von Kirche und Schwimmbad, gute kanarische Küche, z. B. Kaninchen in Knoblauch. Schön sitzt es sich an den Tischen auf der anderen Straßenseite im Schatten der Bäume.

1–2 x tgl. **Busverbindungen** mit Las Palmas sowie mit Maspalomas via Ayacata und San Bartolomé.

In San Francisco, dem Altstadtkern von Telde, entdeckt man hübsche Details

Ziele in der Umgebung

Es gibt viel zu sehen: **Cruz de Tejeda** (s. S. 53), der höchste Inselpass, ist nur wenige Kilometer entfernt (Hauptstraße Richtung San Mateo). Nach **Artenara** (s. S. 47) sind es rund 10 km, der höchste Inselberg, **Pico de las Nieves,** liegt ca.15 Fahrminuten südöstlich. 5 km westlich türmt sich der 1404 m hohe Basaltfelsen **Roque Bentaiga** auf, der einen Abstecher unbedingt lohnt.

Telde (G/H 4)

Aus der Ferne zeigt sich die zweitgrößte Stadt Gran Canarias (79 000 Einwohner) als eine hässliche Ansammlung von Industrieanlagen und grauen Randbauten. Doch begibt man sich einmal in das ehemalige Handwerkerviertel San Francisco, findet man sich in einer malerischen Altstadt mit lauschigen Innenhöfen, schmalen Kopfsteingassen und schmucken Patrizierhäusern wieder. Die Kirche San Juan Bautista beherbergt zwei bedeutende Werke sakraler Kunst.

Sehenswert

Der nördliche Ortsteil **San Francisco** wurde zum Centro Histórico Artístico erklärt. Im schönen Altstadtkern (Centro Ciudad) drängen sich stilvoll restaurierte Häuser aus alten Tagen. Vom Rathaus *(ayuntamiento)* geht man über die baumbestandene Plaza de San Juan Bautista direkt auf die am Ostrand aufragende **Basílica Menor de San**

Juan Bautista zu. Die Kirche wurde aus mehrfarbigem Vulkangestein errichtet. Über dem Portal aus dem 16. Jh. thront der Schutzheilige Johannes der Täufer (San Juan Bautista). Im Innern der Kirche, meist nur während des Gottesdienstes zugänglich, ist ein flämischer Altaraufsatz vom Anfang des 16. Jh. zu bewundern. Das fein geschnitzte Retabel stellt sechs Szenen aus dem Leben Marias dar. Darüber erhebt sich eine einzigartige lebensgroße Christusfigur aus Mexiko, die größtenteils aus Maismark gefertigt ist.

Biegt man gegenüber dem Rathaus und der Plaza in die Gasse Inés Chemida ein, gelangt man an der Polizeistation vorbei zur kleinen **Plaza de San Francisco,** an der auffallend viele reizvolle alte Häuser stehen.

Museo León y Castillo: Calle León y Castillo 43–45, Tel. 928 69 13 77, www.fernandoleonycastillo.com, Mo–Fr 9–20, Sa 10–20, So 10–13 Uhr, Eintritt frei.
Das Museum erinnert mit einer Möbel- und Bildersammlung an die Brüder Fernando und Juan León y Castillo, die maßgeblich für den Ausbau des Hafens von Las Palmas Ende des 19. Jh. verantwortlich waren.

Feste & Unterhaltung

Eine der interessantesten Inselfiestas findet **Anfang Aug.** statt: die **Fiesta La Traída del Agua.** Hier beteiligen sich Tausende daran, aus den Bergen bei Lomo Magullo Wasser zu holen.
Im **Oktober** feiert der Stadtteil **San Francisco** seinen Schutzheiligen gleichen Namens.

Oficina de Turismo de Telde: Calle León y Castillo 2, 35200 Telde, Tel. 928 01 33 31, Mo–Fr 9–15 Uhr.

Busse nach Las Palmas, Santa Brígida und Agüimes.

Highlight 12

Teror (E 3)

Die Statue der Inselpatronin Virgen del Pino, deren Anbetung bis ins 15. Jh. zurückreicht, wird in der Basilika Terors, dem wichtigsten Wallfahrtsort und religiösen Zentrum von Gran Canaria, aufbewahrt. Autofreie Kopfsteingassen, lauschige kleine Plazas und altehrwürdige Bürgerhäuser mit kunstvollen Holzbalkonen und hölzernem Schmuckwerk bestimmen das Bild einer der typischsten und schönsten Städte der Insel. Mal öffnet sich der Blick auf einen begrünten Patio, mal zieht ein altes Wappen oder eine hübsch geschnitzte Tür die Blicke auf sich. In den sorgsam gepflegten Ort (12 000 Einwohner), der schon im frühen 16. Jh. die Stadtrechte erhielt und dessen Kern heute unter Denkmalschutz steht, pilgern um den 8. September zahlreiche Gläubige zur größten Wallfahrt der Kanarischen Inseln.

Sehenswert

Basílica de Nuestra Señora del Pino: tgl. 8–12 und 14–18/20 Uhr.
Diese bedeutende Kirche steht im Ortszentrum an einer der schönsten Plazas der Insel und zwar genau an jener Stelle, an der am 8. September 1481 die Jungfrau Maria im Geäst einer riesigen Kiefer – sie wurde 1684 bei einem Sturm zerstört – erschien. Der Ort der wundersamen Erscheinung wurde vom damaligen Bischof umgehend geweiht. Eine Kapelle wurde errichtet und im 17. Jh. durch eine Kirche ersetzt, die aber schon bald Opfer eines Brandes wurde. Das heutige Gotteshaus ist neo-

klassizistisch und stammt aus dem Jahre 1767. Der markante oktogonale Turm aus dem frühen 18. Jh. ist im Stil der manuelinischen Gotik erbaut. Im Kircheninnern ist die Statue der Jungfrau aus dem 15. Jh. zu bewundern, die in einer silbernen Sänfte in einem Glasschrein über dem Altar ruht. Sie gilt als die kostbarste Reliquie der Insel und ist alljährlich um den 8. September Ziel vieler Wallfahrer. Hinter der Basilika steht ein 15 m hoher Drachenbaum *(drago)*.

Casa de los Patrones de la Virgen del Pino: Plaza Nuestra Señora del Pino, Mo–Do/Sa 11–18, So 10.30–14 Uhr, Fr geschl.

In einem Gebäude im altkanarischen Stil, einst Sommersitz der reichen Familie De Lara y Bravo de Laguna, kann man die Wohn- und Lebenssituation kanarischer Familien im Laufe der Jahrhunderte kennen lernen. Die sehenswerte Sammlung zeigt neben Möbeln, Kutschen und Waffen Gegenstände des täglichen Lebens. Bemerkenswert ist der schöne Patio.

Atelier Georg Hedrich: Plaza Nuestra Señora del Pino, Tel. 928 63 17 16, Di–Do 12–17 Uhr.

Werke des deutschen Künstlers Georg Hedrich, der seit vier Jahrzehnten auf Gran Canaria lebt und wirkt.

Einkaufen

Der **Wochenmarkt** von Teror (So 8–14 Uhr) gilt als einer der größten und farbenprächtigsten der Insel. Neben Obst und Gemüse werden auch Kleidung und traditionelles Kunsthandwerk angeboten. An den lokalen Spezialitäten, *pan de Teror* und *chorizo de Teror*, sollte man nicht vorübergehen.

In **Valleseco** stehen beim großen Wochenmarkt am Do 10–14 Uhr auch die Spezialitäten des Ortes, Ziegen- und Schafskäse, im Angebot.

Feste & Unterhaltung

Am **7./8. Sept.** wird die **Fiesta de la Virgen del Pino** gefeiert, die wichtigste und größte Wallfahrt auf den Kanarischen Inseln. Höhepunkt sind die Nachtwanderungen, bei denen viel gebetet, aber auch gelacht, getanzt und gesungen wird. Wer zu diesem Zeitpunkt auf Gran Canaria weilt, sollte auf keinen Fall versäumen, an dieser *festividad* teilzunehmen!

Oficina de Turismo de Teror: Calle de la Huerta, 1 – 35330 Teror, Tel. 928 61 38 08, Mo–Fr 10–16 Uhr.

J.M. El Pino: Avenida Cabildo Insular, Tel. 928 63 20 16, Fax 92 8 31 11 88, DZ 52 €.

Kleines Hotel am Stadtrand mit neun sauberen, freundlichen Zimmern und hilfsbereiten Wirtsleuten.

Im Ort selbst überzeugen keine Restaurants, man hat sich scheinbar noch nicht auf Touristen eingestellt. Nett ist das

Tasca la Villa: direkt am Kirchplatz. Tel. 928 63 26 07, Di–So ab 11 Uhr, ab 12 €.

Kleine und große Gerichte der kanarischen Hausmannskost zu günstigen Preisen.

Mirador de Zamora: 1 km vor Valleseco, 8–23 Uhr.

Wahre Massen an Bustouristen suchen fast jeden Tag dieses Restaurant am Aussichtspunkt Balcón de Zamora auf, das Lokal steht fest im Programm der lokalen Reiseveranstalter. Das Personal bleibt trotzdem nett und zuvorkommend. Die Speisen sind gut und reichhaltig, auch Snacks und Kuchen, je nach Tageszeit, der Blick ins Tal ist immer gegenwärtig.

Busverbindungen u. a. mit Las Palmas.

Ziele in der Umgebung

Valleseco (E 3): 6 km östlich von Teror zweigt von der nach Firgas führenden GC-30 eine Straße Richtung Valleseco (2 km) ab. Neben der Ortskirche und einigen traditionellen Holzbalkonen bietet dieses kleine Bergdorf keine herausragenden Sehenswürdigkeiten, aber 1 km vor dem Ort ist der **Balcón de Zamora** einen Abstecher wert. Von dem Aussichtspunkt kann man das schönstmögliche Panorama auf Teror und über den nördlichen Inselteil genießen. Auch ein Restaurant lädt ein, das Mirador de Zamora (s. o.).

Valsequillo (F 4)

Die Siedlungen der Ortschaft (6000 Einwohner) liegen verstreut im oberen Teil des Barranco de San Miguel. Die Bewohner leben ganz und gar von der Landwirtschaft, und als Tourist kommt man, um die Mandelblüte zu sehen oder das Panorama auf den Inselosten zu genießen.

Sehenswert

Wer zur Zeit der **Mandelblüte**, die in den ersten drei Monaten des Jahres eintritt, auf der Insel weilt, sollte unbedingt nach Valsequillo fahren und die weißen und zartrosa Farbwogen der blühenden Mandelbäume bestaunen.

Vom 2,5 km entfernten und 225 m höher gelegenen **Mirador de Helechal** kann man den Blick über den Ort sowie den gesamten Osten schweifen lassen.

Busverbindungen mit Telde und Las Palmas.

Vecindario (G 7)

Der 3000-Seelen-Ort erstreckt sich entlang der Hauptstraße vom Inselsüden nach Las Palmas. Er liegt nahe der Autobahn, nur 17 km von der Costa Canaria entfernt, und bietet sich für Reisende mit kleinem Budget an. Hier wohnen viele Canarios, die zu ihrem Arbeitsplatz in den Touristenorten der Küste pendeln.

Einkaufen

Shopping pur: das neue **Atlantico** nahe der Autobahn kann es durchaus mit den großen Zentren in Las Palmas aufnehmen. Etwa 100 Shops, ein Hypermarkt, ein Kinokomplex und zahlreiche Pizza- und Hamburgerläden sorgen für ein rundes Erlebnis.

Oficina de Información Turistica: Avda. de Canarias, Plaza de la Era, 35110 Vecindario, Tel. 928 12 52 60, Mo–Fr meist 11–14 Uhr.

Hostal Residencia Casa Paco: Av. de Canarias 278, Tel. 928 75 34 52, Fax 928 75 71 82, ab 38 €.
Hinter der maroden grün-weißen Fassade dieses Eckhauses verbergen sich 18 große und saubere Doppelzimmer.
Gran Hotel Vecindario Aeropuerto: Av. del Atlántico 353, Tel. 902 17 21 82, Fax 928 79 15 49, www.hoteleselba.com, DZ ab 60 €.
Neues Business-Hotel der Elba-Gruppe in Airportnähe mit 159 Zimmern und Suiten, Blick über die GC1, die mit Planen bedeckten Felder und weit dahinter das Meer. Sehr schöne Dachterrasse mit Pool, Sauna, Fitness – was das Reiseherz eben begehrt. In einem Atemzug entstand der gewaltige Shop-

pingkomplex Atlantico nebenan. Zu erreichen über die Abfahrt 28 der GC1.

Busverbindungen mit Maspalomas und Las Palmas, weiter mit Arinaga und Pozo de Izquierdo.

Vega de San Mateo (E/F 4)

Oftmals in dichte Wolken gehüllt thront San Mateo (7000 Einwohner) in 836 m Höhe in einem Saum von Terrassenfeldern und grünen Hängen. Der Ort, auch Vega de San Mateo genannt, gilt dank seiner fruchtbaren Ascheböden und dem Wasserreichtum als die ›Frucht- und Gemüseschale‹ der Insel. Das bedeutende Agrarzentrum versorgt halb Gran Canaria mit Grünzeug und Fleisch, die auf dem größten Wochenmarkt der Insel gehandelt werden.

Einkaufen

Sa und So findet der **Mercado agrícola** statt, traditioneller Früchte-, Gemüse- und Viehmarkt, der sich auch als Flohmarkt versteht (ab 9 Uhr); beste Besuchszeit am Sa 10–12 Uhr.

Oficina de Información Turística de Vegas de San Mateo: Calle Doctor Ramírez Cabrera 9, 35328 Vega de San Mateo, Tel. 928 66 13 50, Mi–So 10–14 Uhr.

La Veguetilla: Ortsausgang Nord, Tel. 928 66 07 64, um 15 €.
Hinter der blauweißen Fassade mit den dunklen Holzbalkonen verbirgt sich gemütliche Gastronomie – serviert wird kanarische Küche, z. B. Omelette mit Serrano-Schinken oder Zucchini-Gratin, den Aperitif nimmt man an der Bar.

Busverbindungen mit Teror, Telde und Las Palmas.

Veneguera (B 6)

Umgeben von Palmen und Obstbaumplantagen liegt das kleine Dorf Casas de Veneguera in malerischer Hanglage unterhalb des Roque Pernal. Die kleine Pfarrkirche mit Plaza und Allee, das schön gestaltete Rathaus, zwei Bars und ein Supermarkt – das sind die Attraktionen des Dorfes. Wem dies genug ist, der findet hier sein Paradies mit freundlichen Insulanern und einer Geruhsamkeit, die auf Gran Canaria ihresgleichen sucht.

Feste & Unterhaltung

Im **Aug.** findet die **Fiesta der Virgen von Fatima** statt, im **Dez.** das kanarische Fest mit Krippenspiel: **Belén Viviente.**

Per **Bus** 4 x tgl. über Puerto de Mogán nach Maspalomas sowie San Nicolás.

Ziele in der Umgebung

Derzeit noch per holpriger Piste erreicht man die **Playa de Veneguera** (A 7, ca. 9 km), die auch von Puerto de Mogán aus mit dem Boot besucht werden kann. Der Strand von Veneguera lädt zum Baden ein.

Der **Barranco** dahinter bildet eine wunderschöne Kulisse. Um die Zukunft der Schlucht entbrannten vor einigen Jahren heiße Diskussionen. Eine Investorengruppe um die Banesto-Bank hat Anträge zum Bau von 5-Sterne-Ferienanlagen gestellt, mit Golfplatz und eigenem Flughafen. Umweltschützer gehen dagegen an – die weitere Entwicklung bleibt abzuwarten.

Extra-

Fünf Extras auf der ›Insel der Seligen‹
1. Im Angesicht des Ozeans – Eine Inselumrundung
2. Den Altkanariern auf der Spur – Im Südosten
3. Unvergessliche Ausblicke – Durchs Gebirge

Alle Touren sind auf dem großen Faltplan eingezeichnet

Touren

4. Auf leisen Pfaden –
   Vom grünen Norden auf das Dach der Insel
5. Wo die Insel den Himmel berührt –
   Wanderung zum ›Wolkenfels‹ Roque Nublo

Tour 1

Malerisch: der Yachthafen von Puerto de Mogán

Im Angesicht des Ozeans

Eine Inselumrundung

Einmal rund um die Insel – so lautet das Motto unserer langen Tour, die den Facettenreichtum Gran Canarias nahe bringt wie keine andere.

Nach Westen – schnell voran!

Von **Playa del Inglés** (s. S. 75) bzw. dem benachbarten **Maspalomas** (s. S. 69) folgen wir der Carretera General (GC-500) nach Westen, wo bald der Fischerort **Arguineguín** (s. S. 43) erreicht ist. Jetzt wird die Straßenführung spektakulär. Vorbei an einer wild skulptierten Steilküste mit mehreren exklusiven Hotelanlagen erreichen wir nach 22 km den malerischen Hafen **Puerto de Mogán** (s. S. 84). Der Ort ist ein gelungenes Beispiel sorgfältiger Bauplanung und präsentiert sich als ein harmonisch in die Landschaft integriertes Feriendorf, genannt: ›Venedig der Kanaren‹.

Auf Panoramastraßen nach Norden

In Puerto de Mogán wendet sich die Straße ins Inselinnere (GC-200), steigt durch das Oasental des Barranco de Mogán nach **Mogán** an (s. S. 73), um sich kurz hinter diesem beschaulichen Dorf erneut nach Westen zu wenden. Bis über 650 m hoch geht es nun durch eine Felswüste hinauf, und auf der folgenden Strecke, die via **La Aldea de San Nicolás** (S. Nicolás de Tolentino, s. S. 94) ans Meer führt, zweigen immer wieder Stichstraßen zu einsamen Stränden ab.

Konnten wir schon zuvor die großartige Aussicht auf den Ozean genießen, so erwarten uns auf den folgenden 30 km bis Agaete Panoramen, die ganz und gar faszinierend sind. Der **Mirador del Balcón,** 400 m hoch über dem Meer, bietet fraglos den überwältigendsten Ausblick über die westliche Steilküste. Dann ist **Agaete** (s. S. 40) erreicht, ein Traum aus weißen Hauskuben in einer sanft zum Meer abfallenden Landschaft. Das angrenzende, von hohen Felsen umgebene **Valle de Agaete** lädt zu einem Ausflug in eine paradiesische Vegetation ein – ideal für eine Mittagspause im Grünen. Die Üppigkeit der Natur zeigt sich in zahlreichen gepflegten Gärten und Pflanzungen. Unter ehrwürdigen Kiefern und vereinzelten Palmen breiten sich Beete aus, blühen Hecken und Büsche. Mangos, Papayas, Zitronen und Orangen gedeihen zwischen Kaffeepflanzen, Agaven und Gummibäumen.

Käsekult und Höhlenleben

Vorbei am Kriechtierzoo **Reptilandia** (s. S. 57) zieht sich die Straße durch ausgedehnte Bananenpflanzungen ins nördliche **Gáldar** (s. S. 56). Wer Appetit auf fangfrischen Fisch oder Meeresfrüchte verspürt, sollte der ausgeschilderten Stichstraße zum Küstenort **Sardina del Norte** (s. S. 99) folgen.

Wir passieren die Käsestadt **Santa María de Guía** (s. S. 98), ein kleiner Schlenker führt zum nahen Höhlensystem **Cenobio de Valerón,** legendäre Kultstätte der Altkanarier (s. S. 52).

Im weiteren Verlauf der stark frequentierten Küstenstraße gibt es nichts, was eines längeren Blickes würdig wäre, und so biegen wir bald nach rechts in die abzweigende GC-330 ein, die zur ›Rumstadt‹ **Arucas** (s. S. 49) führt.

Wallfahrt und Vulkankrater

Von dort ist es nur ein Katzensprung bis **Teror** (s. S. 102), einer der schönsten und beschaulichsten Ortschaften der ganzen Insel. Blütenweiße Fassaden, ausladende Erker und geschnitzte Balkone bestimmen das Bild des Wallfahrtsortes. Über die GC-42 gelangen wir nach **San Mateo** (s. S. 105), das zu einem Besuch des volkskundlichen Museums oder am Wochenende zu einem Bummel über den großen Markt einlädt.

Via **Santa Brígida** (s. S. 95) liegt ein Abstecher zum **Jardín Canario** (5 km, s. S. 59) nahe, bevor wir die Fahrt Richtung Telde fortsetzen. Den Ausflug zum Vulkankegel **Pico de Bandama** (4 km, s. S. 51, der Beschilderung nach links folgen) lassen wir uns nicht entgehen: Herrliche Panoramen und Schwindel erregende Blicke hinab in den Krater **Caldera de Bandama** erwarten uns.

Im schönen Altstadtviertel San Francisco in **Telde** (s. S. 101) mit einer sehenswerten Kirche können wir den Tag wunderbar ausklingen lassen, um anschließend über die nur 3 km entfernt verlaufende Autobahn zügig in den Inselsüden zum Ausgangspunkt zurückzukehren.

Tour-Info

Länge: ca. 220 km ohne Abstecher
Zeitbedarf: mindestens einen Tag, entspannter mit Zwischenübernachtung (s. u., Tipps)
Verkehrsmittel: Pkw oder Motorrad. Die Route kann durchaus auch mit dem Bus erlebt werden, allerdings sind dann 2–3 Tage obligatorisch. Die kleineren Orte werden einfach zu selten angefahren, um sich dort ein wenig umsehen zu können.
Tipps: Obwohl die gewählten Straßen an der Küste durchgehend gut zu befahren sind, kommt man nur schleppend voran. Zahllose Kurven fordern ihren Tribut, die Aussichten wollen genossen werden. Immer wieder hält man gerne an, um Landschaft und Atmosphäre auf sich wirken zu lassen. Ideal ist eine Aufteilung der Strecke auf zwei Tage mit Zwischenübernachtung in Agaete. So kann man abends im benachbarten Puerto de las Nieves köstlichen Fisch genießen und am Morgen, nach dem Besuch des Valle de Agaete, seine Tour in aller Ruhe fortsetzen.
Wer auf der Tagestour in Zeitnot gerät und erst nach 15 Uhr Arucas erreicht, steuert am besten auf direktem Weg über die GC-2/GC-3 den Süden an,um das gebuchte Abendessen im Hotel nicht zu versäumen. Die Sträßchen über Teror und San Mateo sind wunderschön zu fahren, aber äußerst zeitraubend.

Tour 2

Spannend: Einkehr in der Höhlenbar

Den Altkanariern auf der Spur

Im Südosten

Überall auf Gran Canaria kann man der Geschichte der kanarischen Ureinwohner begegnen. Auf dieser Route durch den südöstlichen Inselteil wandeln wir gezielt auf den Spuren der Altkanarier.

Die Hauptstraße von **Playa del Inglés,** Av. de Tirajana, quert in ihrem nördlichen Abschnitt die Feriensiedlung San Fernando und geht dann als gut ausgebautes Asphaltband in eine Landstraße (GC-60, Beschilderung ›Fataga‹) über. Kaum liegen die letzten Häuser des Urlaubszentrums zurück, finden wir uns inmitten einer halbwüstenhaften Felswelt wieder. Dann geht es in die tief eingeschnittene Schlucht des Barranco de Fataga. Bereits nach 6 km lädt auf der linken Seite das Freilichtmuseum **El Mundo Aborigen** (s. S. 55) zum Besuch. In dem nachgebauten altkanarischen Dorf geht es keineswegs muffig-museal zu. Anhand lebensgroßer Figuren und interessanter Vorführungen wird die Geschichte der Inselbewohner lebendig dargestellt. Schön angelegte Spazierwege mit Ausblicken auf die Costa Canaria führen durch die Stätte. Bei der Weiterfahrt wird schnell klar, warum der Barranco auch ›Tal der Palmen‹ heißt.

In nur wenigen Minuten führt die üppig begrünte Strecke zum malerischen Bergdorf **Fataga** (s. S. 54). Dann geht es steil und kurvenreich bergauf, bis wir kurz vor San Bartolomé, dem nächsten Etappenziel, das Restaurant im Hotel Las Tirajanas (s. S. 94) ansteuern können (dem Mirador-Schild nach links folgen). Beim herrlichen Panoramablick bis hinauf zum höchsten Inselberg und hinunter nach Santa Lucía schmeckt ein zweites Frühstück auf der Restaurantterrasse doppelt so gut. Auch **San Bartolomé de Tirajana** (s. S. 93) zu Füßen eines mächtigen ›Amphitheaters‹ aus Fels steht ganz im Zeichen reicher Ausblicke.

Nun können wir weiterhin der sehr gut ausgebauten Straße Richtung Santa Lucía folgen. Eine schönere, jedoch abenteuerlichere Alternative ist die Fahrt über eine neu asphaltierte, mitunter äußerst schmale Strecke. Sie beginnt ein paar Fahrminuten nördlich der Straße nach Tejeda an einer Abzweigung, in die man rechts einbiegt. Die Straße windet sich um das schon seit Urzeiten bewohnte Felshalbrund, das San Bartolomé umschließt. Unbeschreibliche Ausblicke begleiten die Fahrt vorbei an Höhlendörfern, die wie Adlerhorste am Fels zu kleben scheinen, bevor die insgesamt ca. 7 km lange Piste wieder in die Hauptstraße einmündet.

Arabisches Flair

Linker Hand liegt das von Palmenhainen umgebene **Santa Lucía** (s. S. 97). Der hübsche Ort könnte auch irgendwo in Marokko liegen.

Das archäologische Museum an der Durchgangsstraße zeigt eine sorgsam zusammengestellte Sammlung zur Geschichte der Ureinwohner der Insel. Die GC-65 Richtung Agüimes weist den Weg zur **Fortaleza Grande** (s. S. 97), der letzten Bastion der Altkanarier gegen die Spanier. Dann fahren wir aus dem gebirgigen Inselteil hinaus in den landwirtschaftlich geprägten Osten. Nach 20 km macht ein Schild auf den **Parque de Cocodrilos** (s. S. 42) aufmerksam. Ein Stückchen weiter lockt **Agüimes** (s. S. 42) mit seiner bezaubernden Altstadt und andalusischem Flair. Zur Weiterfahrt durchqueren wir das Städtchen Richtung Ingenio und biegen kurz hinter der Ortsausfahrt nach links ab.

In Höhlen zu Hause

Hier öffnet sich die landschaftlich reizvolle Schlucht des **Barranco de Guayadeque.** Bald liegen die ersten, z. T. noch bewohnten Höhlenwohnungen am Weg durch die von steilen Felsen flankierte Schlucht, in der reiche Ausgrabungen aus altkanarischer Zeit gemacht wurden.

Im Barranco liegt das **Centro de Interpretación de Guayadeque** (s. S. 43), ein interessantes Informationszentrum, das sich mit dem Leben der Höhlenbewohner beschäftigt. Auch Höhlenrestaurants laden ein, besonders beliebt ist das Tagoror am Ende des Barranco (s. S. 43), eine labyrinthhafte Anlage tief im Berg. Hier lassen wir den Tag in ›steinzeitlicher‹ Atmosphäre ausklingen. Ein Fußweg führt den Hang hinter dem Restaurant hinauf – ideal, um sich nach dem Essen die Beine zu vertreten und die herrliche Aussicht zu genießen.

Über Agüimes geht's zurück zur 6 km entfernten Autobahn, von dort sind es noch etwa 20 km bis nach Maspalomas.

Tour-Info

Länge: ca. 110 km ohne Abstecher
Zeitbedarf: einen Tag, mit Zeit für Pausen und Entdeckungen
Verkehrsmittel: Pkw oder Motorrad, in Teilen auch Mountainbike

Tipp: Zum Frühstücken kann man auch in Fataga Station machen, man sitzt herrlich in der Morgensonne (natürlich nicht so fein wie in San Bartolomé).
Gerne werden die ersten Teile der Tour auch von Jeep-Safaris genutzt, die dann im späteren Verlauf die Pisten links und rechts in Angriff nehmen. Sie tauchen immer in Konvois von bis zu zehn Fahrzeugen auf und verhalten sich entsprechend rudel- bis rüpelhaft. Wer sich bedrängt gefühlt hat und sich beschweren möchte – spätestens in Santa Lucía trifft man sie wieder, wenn sie Station im Restaurante Hao machen.
Der städtebauliche Höhepunkt liegt am Schluss der Tour – wenn irgend möglich, sollte genügend Zeit für einen ausgiebigen Besuch der Altstadt von Agüimes eingeplant werden. Falls es während der Tour nicht klappt, ist die Stadt aber auch nah genug für einen erneuten Ausflug.

Am Stausee Presa de los Hornos

Tour 3

Unvergessliche Ausblicke

Auf Eselspfaden durchs Gebirge

Die Cumbre bildet das gebirgige Zentrum der Insel. Die Tour rings um das Bergmassiv und bis auf den höchsten Gipfel Pico (auch: Pozo) de las Nieves (1949 m) umfasst im eigentlichen Bergabschnitt zwar nur rund 85 km, doch die kurvenreiche Strecke und atemberaubende Panoramen machen die Tour zu einem tagfüllenden Abenteuer.

San Nicolás de Tolentino (s. S. 94) liegt ca. 66 km nordwestlich von Maspalomas an der GC-200. Es geht in den Ort hinein, an der Kirche vorbei, bis im Straßengewirr das Schild ›Artenara‹ auftaucht. Hinter dem Ort folgen wir einer schmalen asphaltierten Straße vorbei an planenverhangenen Plantagen über den Weiler Los Molinos in den Barranco de la Aldea. Auf den folgenden 21 km müssen nicht weniger als 1200 Höhenmeter überwunden werden, in Anbetracht des Straßenzustands ist für diese Distanz ohne Zwischenstopp mindestens 1 Std. anzusetzen. Doch niemand wird diese Strecke einfach so durchfahren, gilt sie doch als die spektakulärste der Insel. Sie führt vorbei an mehreren, von senkrechten Felswänden umrahmten Stauseen, die nach Regenfällen in allen Farben zwischen Kobaltblau und leuchtendem Türkis schimmern (ein aufgrund der häufigen Trockenheit auf der Insel leider nicht häufiges Ereignis).

Artenara (s. S. 47), das höchstgelegene Dorf Gran Canarias in dramatisch-fotogener Lage, ist ein genauso begehrtes Motiv. Viele der Höhlenwohnungen der Ortschaft sind seit Urzeiten bewohnt und besitzen hübsche Vorbauten. In dem malerischen Ort legen wir eine Mittagsrast ein, bevor es auf einer ebenso kurvigen wie aussichtsreichen Straße nach **Tejeda** (s. S. 99), einem anderem Kleinod unter den Bergdörfern der Insel, weitergeht. Die Schönheit der Ausblicke auf dieser Strecke ist schlicht überwältigend. Die folgenden 7 km werden von einer faszinierenden Fernsicht über die bizarre und tausendfach gefaltete Hochgebirgswelt begleitet.

Das Dach der Insel

Dann ist der höchste Pass der Insel, die 1490 m hohe **Cruz de Tejeda** (s. S. 53), erreicht. Einem ›steinernen Gewitter‹ gleich präsentiert sich von hier aus die Umgebung. Wer sich das Erlebnis gönnt, den Sonnenuntergang von dieser Stelle zu betrachten, der wird die Landschaft in einer unvergleichlichen Farbenpracht erglühen sehen.

Noch viel höher hinaus kommen wir über die schräg gegenüber dem Parador beginnende Nebenstraße. Schilder (›Los Pechos‹) weisen den Weg zum **Pico de las Nieves.** Nach dem ersten Zyklus der Inselgenese soll an seiner Stelle die Kuppe eines 3000 m hohen Schichtvulkans gestanden haben, bevor das obere Drittel schließlich einstürzte. Wer diesen höchsten Punkt der Insel bei klarer Sicht erreicht, dem bleibt das sich bietende Panorama stets in der Erinnerung. Gleichermaßen unvergesslich wird die anschließende Talfahrt Richtung Ayacata bleiben, die auf 1550 m Höhe an der Stauseeschlucht **Presa de los Hornos** vorbeiführt. Ein Pinienwald mit Picknickplätzen umgibt das klare Wasser. Prominenter Nachbar ist der Felsmonolith Roque Nublo, den wir im Rahmen einer Wanderung erkunden können (s. Tour 5, S. 116).

Lichte Wälder – Staubpisten

Bei **Ayacata** (s. S. 51) stoßen wir wieder auf die Hauptstraße, biegen nach rechts und bald darauf nach links in die GC-605 Richtung Cruz de San Antonio. Nach wenigen Kilometern erreichen wir den Stausee **Embalse de Cueva de las Niñas,** der sich nach Regenfällen äußerst pittoresk präsentiert. Viele Wochen im Jahr jedoch stehen die Picknicktische auf weitem, steinigem Grund und lassen die Wasserlinie nur erahnen.

Weiter geht es Richtung Südwest, inmitten des lichten Kiefernwäldchens auf der höchsten Kuppe endet der Asphalt, die Schotterpiste und das kleine Abenteuer beginnt. Normalerweise ist die Strecke auch für übliche Fahrzeuge gut zu befahren, mit 20–30 km/h geht es in Ruhe vorwärts. Später zweigt nach rechts die Straße ab, die sich durch ein Schaustück kanarischer Schluchten-Landschaft nach **Mogán** zieht (s. S. 73). Dieser letzte Abschnitt ist ebenso abenteuerlich wie der erste. Im weiteren Verlauf kommt wieder Asphalt unter die Räder und ist Mogán erreicht. Von hier führt die gut ausgebaute Straße nach **Puerto de Mogán,** die Costa Canaria ist nun nicht mehr weit.

Wer als Endziel **Arguineguín** (s. S. 43) bevorzugt, kann an der beschriebenen Abzweigung (Piste nach rechts nach Mogán) die Strecke geradeaus/halblinks fahren und erreicht nach 24 km wunderschöner Fahrt (bereits kurz darauf Asphalt!) ca. 3 km östlich des Ortes die Küste. Auf der Strecke geht es an einer der ersten T-Kreuzung links nach **Soria** (Restaurant Casa Fernando mit Terrasse, kleines Snackangebot).

Die staubige Piste 4 km vor dem Cruz de San Antonio nach Soria (roter Hinweis auf Stein kaum lesbar), ist ausschließlich für Allradfahrzeuge zu empfehlen!

Tour-Info

Länge: ca. 85 km ohne Abstecher
Zeitbedarf: einen Tag
Verkehrsmittel: Pkw oder Motorrad, in Teilen auch Mountainbike
Tipp: Den z. T. über Pisten führenden Weg kann man mit einem normalen Fahrzeug befahren. Eine gewisse Versiertheit des Fahrzeuglenkers ist jedoch unabdingbar. Nach starken Regenfällen kann es vorkommen, dass einige der unbefestigten Bergpisten gesperrt sind. Obwohl möglich, ist in diesem Fall dringend von einem eigenmächtigen Befahren abzuraten. Durch die Nässe aufgeweicht, verwandeln sich die Straßen schnell in tückische Rutschbahnen, bergauf Fahren ist dann nur schwer möglich.

Caldera Pinos de Gáldar

Tour 4

Auf leisen Pfaden

Vom grünen Norden auf das Dach der Insel

Aus dem fruchtbaren Norden, der grünen Schatzkammer Gran Canarias, führt unsere Route über einsame Wege, vorbei an schmucken Bergdörfern, nach Artenara im gebirgigen Zentrum der Insel.

In **Arucas** (s. S. 49) startet unsere Tour. Um mental einen passenden Einstieg zu finden, wählen wir als erste Station den 412 m hohen **Montaña de Arucas.** Weit schweift der Blick über den Nordosten der Insel, die Metropole Las Palmas scheint zum Greifen nah.

Leider öffnet das Bergrestaurant erst um 12 Uhr, so dass wir zunächst wieder herunterfahren und ggf. im Schatten der gewaltigen Iglesia San Juan Bautista frühstücken. Nach einer kurzen Besichtigung der Kirche machen wir uns über die GC-300 auf in das nur 6 km entfernte Firgas. Eine Vielzahl von Kurven reduziert die Durchschnittsgeschwindigkeit auf ein Minimum – zum Glück, denn immer wieder geben die Baumreihen den weiten Blick frei ins Tal

Wohlhabende Dörfer im fruchtbaren Norden

Die Einfahrt nach **Firgas** (s. S. 55) präsentiert sich zunächst schmucklos, doch bereits bevor wir den zentralen Platz mit dem kleinen Springbrunnen erreicht haben, fällt der Blick auf die schön angelegte Flaniermeile, die sich den Stadthügel hinaufzieht, den Paseo de Gran Canario. Wir lassen uns treiben, entdecken die Plaza hinter der Kirche San Roque und genehmigen uns vielleicht eine Erfrischung an der ausladenden Panoramaplattform.

Wer noch Lust auf Entdeckung hat, der folgt den Schildern in die Barrancos de Azuaje/de Firgas – jene Täler, in denen das Mineralwasser der Insel sprudelt. Wir jedoch begeben uns westwärts in das gepflegte, auf angenehmen 500 Höhenmetern gelegene Städtchen **Moya** (s. S. 74). Erst bei Erreichen der Iglesia el Pilar jedoch wird klar, wie dramatisch Moya an dem Felsbruch des Barranco gelegen ist.

Nach einem Blick ins Innere der Kirche statten wir noch dem nahe gelegenen Museo Tomás Morales einen Besuch ab, bevor wir die GC-75 Richtung Fontanales nehmen.

Die Landschaft wird immer grüner. Hinter jeder Kurve locken neue Ausblicke auf den grünen Hügelteppich, vereinzelte Gehöfte aus verputztem Bruchstein lenken das Auge auf sich. Dieser Landstrich unterscheidet sich sehr von dem Rest der Insel – man fühlt sich leicht nach Cornwall oder Wales versetzt.

Nach einer Kehre liegt es dann vor

uns: das malerische **Fontanales** (s. S. 56). Weiße Dorfhäuser blitzen aus der dunkelgrünen Umgebung, scharen sich um die schlichte Kirche. Der Ort besitzt keine Highlights, er ist selbst eines. Die Atmosphäre muss erschnuppert werden – etwas für die Freunde ruhiger Gangarten.

Höhenstraßen – Entspannung für Geist und Seele

Nach einem Bummel durch die Sträßchen verlassen wir Fontanales Richtung Artenara und nehmen Kurs auf die Höhenzüge der Insel. Wir passieren vereinzelte Gehöfte. Bald darauf stehen wir an der Kreuzung, von der nach links die GC-70 nach Artenara abzweigt (geradeaus: Juncalillo). Hier sollten wir für einen Moment innehalten, den Motor abstellen und die Ruhe auf uns wirken lassen. Nur wenige Schritte nach rechts – und wir stehen in dem kleinen Kiefernwäldchen, in dem es so herrlich duftet wie daheim in der Badewanne, wenn das Kiefernölbad eingelassen ist.

Wir folgen der GC-70, die sich bald zur Höhenstraße entwickelt. Nach rechts erstrecken sich die immer trockener werdenden Wiesen bis zum Horizont, der je nach Tageszeit und Wetterlage gekrönt wird von der blaupastellfarbenen Silhouette des Pico del Teide auf Teneriffa.

Nur noch wenige Kilometer sind nes un noch bis zum Vulkankrater **Caldera Pinos de Gáldar** (s. S. 48), der sich urplötzlich rechts auftut, gekennzeichnet durch die kleine Besucherplattform. Nach einer Pause brechen wir wieder auf und folgen der Straße bergauf bis zur Einmündung in die GC-21, die nach rechts Richtung Artenara führt.

Die Einfahrt nach **Artenara** (s. S. 47) ist unspektakulär, ein kleines Schwimmbad sorgt für Abkühlung, hier und da halten die Bewohner ein Schwätzchen. Doch spätestens beim Erreichen der Felskante an der Aussichtsplattform wird klar: Artenara ist das höchstgelegene Dorf der Insel. Auf 1270 m klebt es wie ein Adlerhorst am Fels, der Blick in die weite Caldera de Tejeda, hinauf zu den markanten Felsfingern des Roque Nublo (s. Tour 5, S. 116) und Roque Bentaiga wird jedem in Erinnerung bleiben.

Bereits die Ureinwohner Gran Canarias lebten hier in Höhlen – und daran hat sich bis heute nur wenig geändert. Obwohl die verputzten Häuserfassaden völlig normal aussehen, sind viele von ihnen nur den klassischen Höhleneingängen vorgebaut.

Das Höhlenerlebnis holen wir uns beim Mittagessen im Restaurant Mesón La Silla (s. S. 48). Durch einen langen Felstunnel gelangen wir auf die in den Berg gehauene Restaurantterrasse und genießen unsere Stärkung bei dem einzigartigen Panorama.

Tour-Info

Länge: ca. 50 km ohne Abstecher
Zeitbedarf: einen halben Tag
Verkehrsmittel: Pkw oder Motorrad
Tipp: Die Anfahrt nach Arucas geht aus dem Süden am schnellsten über die GC-1, dann auf die neue Umgehung GC-3 bis zu deren Ende (geht in die Landstraße nach Arucas über) oder man wechselt auf die GC-23 Richtung Hauptstadt, um auf die Küstenautobahn GC-2 zu gelangen.
Ab Artenara stellt sich die Frage nach dem Zeitplan: Wunderschön ist die Strecke über San Nicolás und Mogán, schneller die Route über Tejeda und San Bartolomé (s. Tour 3, S. 112).

Tour 5

Der ›Wolkenfels‹ Roque Nublo trägt seinen Namen zu Recht

Wo die Insel den Himmel berührt

Wanderung zum Roque Nublo

Viele Wanderrouten auf Gran Canaria erheben für sich den Anspruch, dem Wanderfreund als schönstes und dramatischstes Erlebnis in der Erinnerung zu bleiben. Dieser Erwartung wird eine Wanderung zum Roque Nublo – dem ›Wolkenfels‹ – in jedem Fall gerecht. In 1803 m Höhe thront das Wahrzeichen der Insel, ein 80 m hoch aufragender Fels. Wer mit dem Auto unterwegs ist, kann die Wanderung im Rahmen der Panorama-Tour (s. Tour 3, S. 112) unternehmen.

Von Ayacata zum Startpunkt der Wanderung

In dem winzigen Weiler **Ayacata** (s. S. 51) können wir den Tag mit einem deftigen Frühstück beginnen, beispielsweise mit Bergschinken und Ziegenkäse. An der Gabelung in der Dorfmitte wenden wir uns dann nach rechts, Richtung **Cueva Grande.** Nach etwa 2 km Weg über die serpentinenreiche Straße gelangen wir linker Hand zu einem kleinen Parkplatz. Wer mit dem Auto anreist, startet die Wanderung üblicherweise dort.

Aufstieg an den Fuß des ›Wolkenfels‹

An diesem Parkplatz beginnt ein nicht zu verfehlender Weg, der auf das schon sichtbare Ziel, eine dünne Felsnadel, zuführt. Überall erheben sich kleine Monolithen sowie abgesplitterte Pfeiler und Türmchen – Überreste einer bizarren Vulkanlandschaft. Nach ca. 20 Min. passieren wir eine mit Kiefern bestandene Mulde. Bei klarer Sicht kann man von hier bereits ein überwältigendes Panorama genießen. Im Westen steigt der 4000 m hohe Pico del Teide von Teneriffa aus dem blauen Dunstkreis des Meeres empor – oftmals sieht man sogar nur die helle Spitze mystisch aus dem Nichts ragen.

Dann steigen wir steil bergauf und gelangen nach weiteren 20 Min. über ausgewaschene Felsterrassen vom 1733 m hohen Tafelberg zum Fuß des Roque Nublo.

Im Schatten des steil aufragenden Wolkenfelsens kauert **Roque Rana,** ein weiterer Fels, der die Form eines geduckten Frosches hat. Dieser Ort war den Altkanariern heilig, sie erwählten ihn zur Kultstätte: offen angelegt und doch durch den mächtigen, schlanken Bruder geschützt – ein wahrhaft magischer Platz ...

Kletterfreuden

Der **Roque Nublo** selbst zählt zu den begehrtesten Kletterzielen der Insel, nicht wenige versuchen sich an den steilen Basaltwänden, die jedoch nur erfahrenen Klettersportlern zu empfehlen sind. Bereits 1932 ist der Aufstieg zum Gipfel dokumentiert, als nämlich drei deutsche Ingenieure, die den Ausbau des Hafens von Las Palmas überwachten, hier am 20. Juni die deutsche Fahne hissten.

Mystisches Relikt aus Urzeiten

Der bizarre Roque Nublo gilt als Überbleibsel eines Ur-Vulkanschlotes. Sein Name bedeutet ›Wolkenfels‹, entsprechend häufig ist er in zerfaserte Nebelbänder gehüllt, die ihm vor der Kulisse der wildromantischen Landschaft etwas Mystisches verleihen.

Ausgezeichnete Fernsicht

Morgens hat man die beste Chance auf eine gute Fernsicht. Angesichts des Traumpanoramas über die Insel hinweg wäre dann eine Bezeichnung wie etwa ›Mirador de Gran Canaria‹ wesentlich zutreffender.

Der Blick schweift hinüber auf die Cumbre-Berge, hinauf zum Pico de las Nieves, hinunter zu seinem ›Bruder‹ Roque Bentaiga und hinab in die Barrancos, jene riesigen Schluchten, die die Insel wie Furchen durchziehen.

Auf dem gleichen Weg steigen wir wieder zum Parkplatz ins Tal hinab und kehren von dort nach Ayacata zurück.

Rundweg

Wer von der grandiosen Landschaft und den sich bietenden Panoramen nicht genug bekommt, der kann den Roque Nublo auch umrunden. Ein einfach zu begehender Wanderweg führt in ca. 2 Stunden um den ›Wolkenfels‹ herum. Dazu nehmen wir den Abzweig, der sich nach etwa 15 Minuten ab Startpunkt Parkplatz nach rechts bietet.

Tour-Info

Länge: ca. 5 km

Zeitbedarf: ca. 2 Stunden Gehzeit für Hin- und Rückweg

Verkehrsmittel: Die Anreise zum Startpunkt der Wanderung ist auch mit öffentlichen Verkehrsmitteln möglich. Gegen 7 Uhr morgens (genaue Abfahrtszeit bitte erfragen!) startet von Faro de Maspalomas ein GLOBAL-Bus nach Ayacata (s. S. 51). Wer den Bus ab Ayacata retour nehmen will, hat normalerweise um 15.30 und 17.30 Uhr Anschluss nach Maspalomas.

Tipp: Außer warmer Bekleidung und Regenschutz – es kann kalt und feucht werden – ist keine besondere Ausrüstung erforderlich. Für die leichte Wegstrecke, die auch ungeübte Wanderer problemlos in rund 2 Stunden bewältigen können, reicht bequemes Schuhwerk.

Achtung: Auf dem kleinen Parkplatz herrscht permanent drangvolle Enge, viele Wanderer parken dann entlang der Straße. Bitte trotz aller Abgeschiedenheit alle Wertsachen aus dem Auto entfernen – es ist zu offensichtlich, wie lange die Insassen sich für die Wanderung vom Fahrzeug entfernen werden.

Register

Ihre Anregungen und Korrekturhinweise greifen wir gern auf.

DuMont Reiseverlag, Postfach 3151, 73751 Ostfildern,
E-Mail: info@dumontreise.de

Bildnachweis:
Titelbild: Dunas de Maspalomas
Umschlagklappe vorn: Fataga
Vignette: Playa del Inglés
S. 2/3: Strandläufer in den Dunas de Maspalomas
S. 6/7: Im Pueblo Canario, Las Palmas
S. 38/39: Im grünen Norden von Gran Canaria
S. 106/107: Am Pico de las Nieves

Fotografen:
Gawin/Schulze (Bremen/Gran Canaria): Umschlagklappe vorn
Rainer Hackenberg (Köln): S. 76/77
Hans-Peter Merten (Kastel-Staadt): S. 8, 22, 106/107, 108
Hubert Stadler (Fürstenfeldbruck): S. 2/3, 93
WHITE STAR (Hamburg): S. 12, 14, 18, 47, 88, 112, Umschlagrückseite (oben)
Fulvio Zanettini/laif (Köln): Titel, S. 1, 3, 6/7, 9, 24, 28, 38/39, 41, 44, 53, 58, 61, 70/71, 73, 82/83, 85, 98, 101, 110, 114, 116, Umschlagrückseite (unten)

Lektorat: Petra Juling, Silvia Engel
Kartografie: DuMont Reisekartografie, Fürstenfeldbruck

4., aktualisierte Auflage 2010

Grafisches Konzept: Groschwitz, Hamburg
Printed in Germany